D1675168

Gunther Zorn · Das Lächeln des Stromes

Gunther Zorn

Das Lächeln des Stromes

Erinnerungen an die Kriegs- und Nachkriegszeit
in einer bayerischen Stadt

Verlag Attenkofer

ISBN 3-931091-39-2
© 1999 by Verlag Attenkofer, 94315 Straubing
Umschlagfoto: Gunther Zorn, Regensburg
Satz und Druck: Cl. Attenkofer'sche Buch- und
Kunstdruckerei, 94315 Straubing

INHALTSVERZEICHNIS

Vorwort 7

Vorbemerkung 8

Wie eine Spirale tief ins Herz 9

Ein kleines Tanzcafé 15

Kondensstreifen hochfliegender Bomber 22

O Heiland, reiß die Himmel auf 30

Wie ein Strom beginnt zu rinnen 35

Soldaten siegen oder sterben 40

Schwarze Asche schneit hernieder 44

Zigarettenkippe auf weißem Pflaster 50

In eine Zeltbahn gewickelt 55

Hund mit violetter Zunge 65

Ohne Abschied über Nacht 71

Regulator mit römischen Ziffern 81

Wollst unsern Hunger stillen 88

Gläserner Krug mit Margeriten 98

Gefrorene Kornäpfel 108

Das Lächeln des Stromes 114

Schwarze Haare mit Pomade 120

Ein kleines Sterbekreuz 130

canto amoroso 137

Wenn alles in Blüte steht 141

Ein Turm von Fünfmarkstücken 150

Vorwort

Gunther Zorn hat vor einigen Jahren Straubinger Lausbuben-geschichten geschrieben. Witzige, pfiffige, gelegentlich auch ein bißchen burschikose Texte, flüssig zu lesen, Erlebnisse einer anscheinend unbeschwerten Kindheit in der altehrwürdigen Herzogsstadt.

In seinem neuesten Buch „Das Lächeln des Stromes" erleben wir einen anderen Autor. Gleichsam einen Abgeklärten, Weisen, der seinen Enkeln – aber nicht nur ihnen – die anderen, die dunklen Seiten seiner Kinderzeit aufblättert, die gar nicht so unbeschwert war, wie die oben erwähnten Geschichten den Anschein erweckten.

Hier schreibt sich ein Sechzigjähriger die bedrückenden Ereignisse und Erlebnisse der Kriegs- und Nachkriegszeit von der verwundeten Seele. In diesem Sinn sind die einzelnen Kapitel Dokumente einer vielfach belasteten und belastenden Epoche in der sonst so lebensfrohen und behäbigen Gäubodenstadt.

Gut, daß „im Lächeln des Stromes" die Düsternis allmählich verblaßt und Normalität einkehrt. Trostvoll, zu erleben, daß aus dem verschüchterten Buben ein junger Mann wird, der bereit ist, das Leben in seine beiden Hände zu nehmen.

Josef Fendl

Vorbemerkung

Nach intensivem Nachdenken und sehr bewußtem Zurück-
erinnern habe ich versucht, meine psychische Situation im Zusammenhang mit prägenden Erlebnissen in den Kriegs- und
Nachkriegsjahren nachzufühlen und exakt zu beschreiben. Mir
ist klar, daß meine Erinnerungsbilder teils durch Wunscher-
lebnisse, Phantasieeinflüsse, aber auch durch Erzählungen
dritter beeinflußt wurden. Trotzdem habe ich mich bemüht,
das Erlebte nach bestem Wissen und Gewissen wiederzuge-
ben und als Zeitdokumentation darzustellen. (Sämtliche Per-
sonennamen wurden geändert)

Gunther Zorn

Wie eine Spirale tief ins Herz

Mitten wir im Leben sind mit dem Tod umfangen,
wer ist, der uns Hilfe bringt, daß wir Gnad erlangen?
Das bist du, Herr, alleine.
Uns reuet unsre Missetat, die dich, Herr, erzürnet hat.
Heiliger Herre Gott, heiliger starker Gott,
heiliger, barmherziger Heiland, du ewiger Gott:
Laß uns nicht versinken in des bittern Todes Not.
Kyrieleison

(Salzburg 1456)

26. Dezember 1947. Ein ruhiger Tag. Zweiter Weihnachtsfeiertag. Naßkalt. Die Luft riecht nach Braunkohle. Das Kopfsteinpflaster ist stellenweise von nächtlichen Nebelzungen glitschig geleckt. Ich schlendere soeben von der Bäckerei meiner Großeltern nach Hause. Hinter dem Haus, auf der Nordseite des Bäckeranwesens, rinnt eine immerplätschernde kleine Quelle. Dort sind auch fünfzehn Fischkalter installiert, die von kaltem und sauerstoffreichem Wasser durchflossen werden. Meine klammen Finger riechen noch nach Fischeingeweide und Blut. Aus purem Fleischhunger habe ich einen dieser Behälter aufgebrochen. Dies funktionierte ganz einfach. Ich brauchte nicht viel Nachdenkzeit. Mittels einer Beißzange habe ich den metallenen Haken des Vorhängeschlosses so lange um die Längsachse gewunden, gedreht und gebogen, bis dieser hell und eisenklickend abbrach.

Ein wie wild zappelndes Rotauge packe ich schnell hinter seinen hellroten Kiemen und stecke es noch lebend und kopfüber in einen kleinen Rupfensack, der vordem wohl einem Amerikaner als Kaffeebohnenbehältnis gedient haben mochte, da das Wort „coffee" in schwarzer Schrift aufschabloniert ist. Den Fisch mit einem Messer, das ich damals immer zur Hand hatte, abschuppen, Blase und Gedärme herausnehmen, den

9

Kopf mit den weit aufgerissenen Augen und auch den schlagenden Schwanz abschneiden, Salz aus einer in der Hosentasche verstauten kleinen Papiertüte darüber gestreut und dann ein kleines Lagerfeuer aus alten Fensterrahmen in einem Bombentrichter entfacht. Dies stellt eine leichte und allzuoft eingeübte Tätigkeit dar. Die gebratene Mahlzeit schmeckt nach mehr, lockt Freunde wie heißhungrige Schakale an, läßt uns gemeinsam weitere sehr verwegene Pläne schmieden. Vielleicht klauen wir morgen ein paar Krautköpfe von den Bauern in Kagers oder Öberau oder der Fritz gar ein Huhn in Sossau. Man wird sehen. Zu gebrauchen ist heute alles. Zum Essen, zum Tauschen, zum Schachern oder aber auch zum Verschenken. Je nachdem, wie und wem es nützlich ist. Nichts ist in diesen Zeiten zu schlecht oder gar zu üppig. Auch wenig kann da schon unendlich viel sein.

An der Ecke zur Zollergasse hockt schon seit Wochen ein zerlumpter und kränklich aussehender Mann. Sicherlich ein Kriegsheimkehrer, ohne Arbeit, ohne Mut, ohne greifbare Zukunft. So ergeht es nahezu allen. Seine Haut schimmert gelbgrün durch den ungepflegten und struppigen Bart, in dem noch unappetitlich aussehende und auch ekelerregende Essensreste kleben.

Der Mann bettelt mit der linken Hand. Die rechte fehlt. Ein über den Stumpf gestülpter schwarzer Socken ersetzt sie nicht. Sein Holzbein sieht aus wie ein abgenutzter und ausgefranster Besenstiel. Ich habe diesem Krüppel schon des öfteren eine Roggensemmel in die eine Hand gedrückt. Und immer hat er gleich heißhungrig hineingebissen. Für ein Danke hatte er keine Zeit. Ich wartete auch nicht darauf. Ich freute mich jedesmal, wenn es ihm schmeckte.

Die Uhr der altehrwürdigen Karmelitenkirche schlägt elf. Ich verlasse die Fraunhoferstraße und überquere den Stadtplatz. Natürlich ist es auch hier wegen des Feiertages sehr ruhig und nahezu leer. Heute. Tauben suchen nach Futter. Spatzen streiten sich um Krümel. Eine Ratte flitzt blitzschnell die abgebröckelte Hauswand entlang und verschwindet zwischen den Schlitzen eines Kanaldeckels. Auf der Straße, mitten in einer Regenpfütze, liegt ein verschmutztes Zeitungsstück. Das verschwommene und teils schon verdreckte Titelphoto zeigt die Hochzeit von Prinzessin Elisabeth, die sich vor wenigen Wochen mit dem Herzog von Edinburgh verehelicht hat. Normalerweise befinden sich hier auf dem Stadtplatz immer eine Menge Menschen, die allerlei Dinge zum Verkauf anbieten, die sich unter anderem in ausgebombten Häusern und Ruinen gefunden haben: Lederreste, Werkzeuge, Fahrradteile, Kleidungsstücke, Nägel, Schrauben oder auch Holzstücke. Allein vor der Tauschzentrale drängen sich werktags Frauen mit Kindern auf dem Arm oder an der Brust.

Ich begegne Frau Hirmer, die eine Einzimmerwohnung in der Rosengasse, im Parterre, bezogen hat. Wenn ich in die Schule gehe, komme ich immer dort vorbei. Dann erzählt sie mir wieder schwärmend und mit Tränen in den Augen, wie schön sie die Nordlandreise mit der KDF gefunden habe. Aber diese Zeiten und Fahrten seien ja jetzt für immer vorbei. Manchmal singt sie mir, wenn ich an ihrem Fenster mit den weißen Stores und den hellblauen Vorhängen vorbeikomme, ein Lied vor, das mich immer sehr traurig stimmt, obwohl ich nie weiß, wieso. „Wir haben das Liedchen immer so gerne beim BDM, beim Bund deutscher Mädchen gesungen," lächelt sie mich an. Dann öffnet sich meist den obersten Knopf ihrer Bluse, damit sie mehr Luft bekommt, wie sie jedesmal bemerkt, und beginnt, sehr leise zu singen, als ob es niemand hören dürfe:

„Wo wir stehen, steht die Treue, unser Schritt ist ihr Befehl, wir marschieren nach der Fahne, so marschieren wir nicht fehl. Wenn wir singen, schweigt die Treue, sie ist größer als das Lied, sie trägt schweigend unsre Fahne, daß sie keiner wanken sieht. Wenn wir stürmen, singt die Treue, und ihr Singen zündet an, und wir glühen wie die Fahne, daß ihr jeder folgen kann."

Kurz darauf betrete ich das ocker heruntergeputzte Haus an der östlichen Seite der Flurlgasse und läute an der Türe.

Mutter öffnet. Sie lächelt mich nicht an wie sonst. Sie schaut an mir vorbei, als ob es mich nicht gäbe. Ihre Augen wirken heute so hart wie ein schlecht geschliffener Kristall. Die Pupillen schimmern wie schmelzendes Flußeis. In ihrem dunkelblauen Kostüm mit den weißen Nadelstreifen sieht sie blaß aus. Ihr Gesicht scheint wie in durchsichtiges Pergament gehüllt. Die verweinten Augen mit den roten Rändern signalisieren mir eine unendlich tiefe Hoffnungslosigkeit. Mutter zittert. Ihre Hände sind weiß wie Schnee, kalt, blutleer.

Neben Mutter steht ihre im gleichen Stockwerk wohnende Nachbarin, Frau Hierl. Beide betrachten abwechselnd eine Postkarte, abgesandt am 23. Dezember 1947 aus Einsbach bei Dachau. Mutter hat dieses Schreiben schon zum wiederholten Male gelesen. Nach der Äußerung, daß sie schwarz sehe und keinerlei Hoffnung mehr in sich spüre, bittet sie die alte Dame, ihr den Text nochmal vorzulesen. Anscheinend mißtraut sie dem Selbstgelesenen, erhofft sich von der Nachbarin eine bessere Botschaft. Frau Hierl setzt die Brille auf und liest den Text laut und monoton, ohne jegliche Betonung oder Gefühlswallung:

„Sehr geehrte Frau Raab, als Heimkehrer aus russischer Kriegsgefangenschaft erlaube ich mir anzufragen, ob Sie über das Schicksal Ihres lieben Mannes Ulrich unterrichtet sind. Ulrich war mein bester Kamerad, und falls Sie noch keine Nachricht von ihm haben sollten, kann ich Ihnen Aufschluß geben. Mit den besten Wünschen für eine gesegnete Weihnacht und ein gutes neues Jahr grüßt Sie Simon Putz, Steinmetzmeister."

Die Karte wird zurückgegeben, ohne Kommentar, ohne Trostesworte. Wir ziehen uns die Mäntel über und gehen zu Mutters Eltern in der Bäckerei. Dort gibt es ein Telefon. Agnes, meine Mutter, ruft bei der Gemeindeverwaltung in Einsbach an. Sie möchten doch Herrn Putz mitteilen, daß er Genaueres über seinen Kameraden Ulrich Raab schreiben solle. Umgehend bitte. Und schöne Feiertage. Und schon weint sie wieder heftig.

1. Januar 1948. Neujahrstag. Mutter erhält ein Schreiben auf kariertem Rechenheftpapier, datiert am 29. Dezember 1947. Sie liest, unterbrochen von Schluchzen, Flüchen, Weinkrämpfen und schrillen Schreianfällen uns drei Kindern den Text immer und immer wieder, mal laut, mal leise, mal nur flüsternd oder auch hauchend, vor:

„Sehr geehrte, gnädige Frau! Nachdem meine Annahme Tatsache ist, daß der Russe Sie über das Schicksal Ihres lieben Gatten nicht benachrichtigte, habe ich nun die traurige Pflicht, Ihnen mitzuteilen, daß Ihr Mann Ulrich am 18. Februar 1947 Nachmittag um halb drei Uhr Uralzeit, also um halb elf Uhr mitteleuropäischer Zeit im Kriegsgefangenenlazarett des Lagers 200/2 an Wassersucht und einer doppelseitigen Lungenentzündung gestorben ist. Er wurde auch im Friedhof desselben Lagers am 20. Februar 1947 beerdigt. Ulrich war im Lazarett mein Bettnachbar. Lager 200/2 ist ein kleines Waldarbeiterlager zwischen Nischnie-Tagitsk und Swerdlowsk im Mittelural. Sibirien. Bitte nehmen Sie zu Ihrem äußerst schweren Verlust meine aufrichtige Anteilnahme entgegen. Ihr sehr ergebener Simon Putz."

Plötzlich bekommen Mutters Augen einen seltsam tierischen Ausdruck, und sie fängt unvermittelt an zu schreien, so laut, daß wir Kinder hinter das Sofa kriechen. „Gottverdammte Mörder, verfluchte Russenschweine, Ihr habt mir meinen Mann genommen, ermordet. Ich habe doch erst im Herbst eine Wallfahrt nach Altötting gemacht, aber da war er ja schon tot!" Und zu uns gewandt sagt sie ganz leise, wie geistesabwesend:

„Ich habe euch doch nur wegen Ulrich auf die Welt gebracht. Immer habe ich mir in den letzten Jahren vorgestellt, wie schön es doch sein müßte, wenn wir zu fünft über den Stadtplatz gehen. Ich und Ulrich. Und ihr drei Kinder voraus. Eine richtige, glückliche, deutsche Familie. Hört ihr? Die glücklichste Familie der Welt! Und eine deutsche! Und jetzt? Alles aus! Alles, alles umsonst! Mein ganzes Leben, meine Träume, meine Hoffnungen, alles kaputt, zerstört, zunichte gemacht. Alles weg. Fort. Unwiederbringlich! Ganz einfach tot! Verreckt! Aus! Weg! Tot!"

Und dann verfällt Mutter in ein leises Weinen, gerade so, als weine sie nach innen. Ihr Körper wird geschüttelt. Ein großflächiges, weißes Taschentuch, wie ein Leichentuch, bedeckt ihr Gesicht. Kreisförmig breitet sich das Tränenwasser auf dem Tuch aus. Dieser unendliche Schmerz der Mutter gräbt sich wie eine Spirale tief in mein noch so unverletztes Kinderherz. Viel Zeit verrinnt, und lange brauche ich, um all dies so richtig und genau verstehen und begreifen zu können. Alles ist wie ein knallharter, brutaler Messerstich in mein bis dahin so einfaches und unschuldiges Leben. Doch diese Wunden schließen sich wieder. Langsam. Aber die Narben brechen immer wieder auf. Dann brennen sie wieder vor sich hin. Leise. Ganz still. Wie eine Karbidlampe. Fortwährend. Und die Spirale dreht sich. Unaufhörlich. Gräbt sich immer tiefer ins Herz. Noch jahrzehntelang.

Ein kleines Tanzcafé

Wenn die Sonne hinter den Dächern versinkt,
bin ich mit meiner Sehnsucht allein.
Wenn die Kühle in meine Einsamkeit dringt,
kommen ins Zimmer Schatten herein.
Sie starren mich an und bleiben ganz stumm,
da warte ich dann und weiß nicht, warum,
auf ein Wunder, das mir Licht ins Dunkel bringt.
Wenn die Sonne hinter den Dächern versinkt,
bin ich mit meiner Sehnsucht allein!

(Peter Kreuder, 1938)

An manchen stillen Abenden, wenn das Geschäft und der Betrieb einigermaßen gelaufen und auch sonst kein Ärger oder wenig Aufregung zu beklagen sind, findet sich Mutter bereit, von früher, von den Anfängen mit meinem Vater zu sprechen. An einem solchen Tagesende, die Sonne scheint noch hellgleißend durch die flüsternden Silberpappelblätter nahe der Donau, erzählt Mutter, daß sie es noch so genau weiß, als ob es gestern gewesen wäre, wie ihr Mann im Mai 1940 nach Prag versetzt wurde und er sie und mich dorthin mitgenommen hat.

Ulrichs Büro, er steht nun im Range eines Obertruppführers und war wohl in der Verwaltung tätig, befindet sich im Alexander-Colleg in der Hungergasse 703. Wir mieten ein kleines Zimmer in der Kepplerstraße, bei sehr einfachen und äußerst sauberen Tschechen, wie Mutter später immer wieder bemerkt. Man treibt anscheinend kein Bettgestell für mich auf, und so schlafe ich in der herausgezogenen Schublade einer Kirschbaumkommode. Die Eltern gehen nahezu jeden Abend zum Tanzen. Manchmal in ein kleines Lokal in der Schäfflerstraße. Sie sind sehr verliebt. Am liebsten tanzen sie Slow-Waltz, ganz eng, berichtet sie schwärmerisch. Den Slow-Foxtrott „Wenn die Sonne hinter den Dächern versinkt" tanzen sie wieder und wieder. Vater gibt der Kapelle manchmal Geld dafür. Ich jedoch soll manchmal verweint ausgesehen haben, wenn sie allzu spät nach Hause gekommen sind.

Nach Dienstschluß seien sie oft über die Karlsbrücke spaziert oder zum Hradschin gewandert, manchmal in ein kleines Café in der Martinicstraße gegangen, erzählt Mutter mit verträumten Augen. Auch das Tanzcafe „Lucerna" in der Wassergasse hätte es ihnen wegen des dort oft gespielten Liedes „Ich tanze mit Dir in den Himmel hinein" angetan. Auch waren sie öfter in Bierlokalen in der Kremenetzgasse oder am Wenzelsplatz. Auch in die Prager Altstadt seien sie des öfteren hinübergewandert. Mutter war tief beeindruckt von den Figuren und Statuengruppen, welche diese ehrwürdige Brücke schmücken. Wenn sie dann vor einem der vielen Lokale auf dem Altstädter Ring gegenüber dem weltberühmten Rathaus saßen und die Uhr mit den sich bewegenden Figuren des Todes und des Gockels sowie den vorbeiziehenden zwölf Aposteln mit Christus sahen, schmiedeten sie Zukunftspläne.

Insgesamt muß es für Vater beim Reichsarbeitsdienst ganz erträglich gewesen sein, denn im Oktober 1940 unterzeichnet er folgenden Vertrag: „ Der Obertruppführer Raab Ulrich, geb. am 24.06.1910 in Worms am Rhein, verpflichtet sich zu einer ununterbrochenen Dienstzeit im Reichsarbeitsdienst bis zum 30. April 1947 und zu allen Dienstleistungen nach den für den Reichsarbeitsdienst gültigen Gesetzen, Verordnungen und Bestimmungen. Eine Ausfertigung dieses Verpflichtungsscheines erhält der Verpflichtete. Schlappenz, den 9. Oktober 1940. Dieses Schreiben wird zusätzlich bestätigt: Regensburg, den 17. Oktober 1940. Der Arbeitsgauführer (im Auftrag und in Vertretung) gez. Würzinger, Oberfeldmeister, R.A.D. Arbeitsgau XXIX"

Großmutter in Straubing ist wieder krank. Sie hat jetzt ein offenes Bein. Diabetes mellitus. Ulrich soll helfen. Er muß Bäcker werden, um das Geschäft zu erhalten und letztendlich in dieses einsteigen zu können. Mit 30 Jahren müßte er eine Lehre beginnen, in der Bäckerei seiner Schwiegereltern. Er könnte mit Agnes das ganze Haus, alles, übernehmen. Großvater ist schon über sechzig und abgerackert. Auch er würde endlich Ruhe benötigen und sich freuen, wenn alles so klappen würde. Das junge Paar ist Feuer und Flamme. Bäcker werden in Kriegszeiten besonders benötigt. Sie sind unabkömmlich. Sicherlich braucht dann Ulrich nicht mehr Soldat zu werden, wenn es darauf ankäme. Er würde nicht an die Front müssen, nicht verwundet, nicht gefangengenommen, vielleicht auch nicht getötet werden. Eine neue, ganz andere, friedlichere, zukunftsträchtige Perspektive tut sich da auf.

Aber Ulrich hat da etwas vergessen: Er hat sich bis zum Jahre 1947 zum Reichsarbeitsdienst verpflichtet. Das ist schlecht und den Zukunftsplänen hinderlich. Da war anscheinend doch nicht alles so gut überlegt und durchdacht. Er muß versuchen, dem R.A.D. schnellstens den Rücken zu kehren. So stellt er am 16. August 1941 einen Antrag auf sofortige Entlassung. Die Antwort erfolgt gute zwei Wochen darauf:

„Reichsarbeitsdienst – Der Führer des hiesigen Arbeitsgaues XXXVIII; Nr. 260 d/ 42-Pers. lb – An den Obertruppführer Raab, Abtlg. D. im Hause. Betrifft: Entlassung aus dem R.A.D. Vorgang: Antrag vom 16. August 1941. Sie haben sich am 9. Oktober 1940 gem. § 11, Absatz 2 des Reichsarbeitsdienstgesetzes zu einer ununterbrochenen Dienstzeit im Reichsarbeitsdienst bis zum 20. April 1947 verpflichtet. Der Antrag auf Entlassung wird daher abgelehnt. Prag, 2. September 1941. Im Auftrag: Scharke."

Die Großeltern sind schwer enttäuscht, zeigen sich nach und nach immer mißmutiger und trauriger. Eine gewisse Zeit lang läßt sich Ulrich nicht mehr so gerne bei ihnen in Straubing sehen und holt statt dessen seine Frau und mich des öfteren nach Prag.

Am 26. August 1941 erhält er von seinem Bruder Wolfgang aus Falkenberg ein kurzes Schreiben:

„Lieber Ulrich! Es hat lange gedauert, bis ich Deine Adresse erfahren habe. Ich sitze hier in Lothringen und habe drei Lager mit zusammen 500 Mann zu verpflegen. Circa sechzehn Nationen, da muß man bald alle Sprachen kennen. Wie Du vielleicht schon gehört hast, bin ich wieder verheiratet. Anfang Oktober erwarte ich Familienzuwachs. Ich kann den Tag schon gar nicht mehr abwarten. Hoffentlich wird es ein Junge! Es grüßt Dich Dein Bruder Wolfgang."

Kurz darauf schreibt ihm auch sein Bruder Matthias, daß er, Ulrich, endlich mal etwas von sich hören lassen soll. Die Prager Anschrift hatte er von Wolfgang erfahren. Ulrich schickt am 1. November 1942 einen Brief an ihn:

„Mein lieber Matthias! Ich bin sehr erstaunt, nach so langer Zeit etwas von Dir zu hören. Leider war es mir nicht möglich, Dir eher Antwort zu geben, da ich dauernd im Altreich unterwegs war. In der Zwischenzeit bin ich wieder im schönen Prag gelandet. Meine Frau mit dem Buben habe ich hierher kommen lassen. Voriges Jahr war ich auch bereits acht Monate hier. Damals war meine Frau auch da mit dem Buben, obwohl er damals erst fünf Monate alt war. Ich hatte über zweitausend Mann zu verpflegen sowie die notwendigen Verwaltungsarbeiten zu tätigen. Ich wollte ja schon längst weg vom R.A.D., aber während des Krieges wollen sie mich nicht loslassen. Ich habe alle Schulen mitgemacht. Bin jetzt in der 40. Dienststelle, dauernd kommandiert. Bin Obertruppführer. Feldwebel. Habe von den Hermann-Göring-Werken ein Stellenangebot über 350.- Reichsmark. Zur Zeit wohne ich in Prag billig und kann im Kasino mit der Familie für billiges Geld essen. Hier bekomme ich monatlich netto RM 378,24. Na, in der Großstadt braucht man viel Geld, das wirst Du ja selbst am besten wissen. Mein Bub ist groß und stark, läuft schon über ein halbes Jahr und spricht schon alles. Er ist ein richtiger Raab. Er gleicht aufs Haar mir. Wie Du ja von früher weißt, sammle ich Briefmarken. Es wird Dir daher ein leichtes sein, in Bukarest welche aufzutreiben. Für heute werde ich schließen, da ich Wolfgang auch noch schreiben will. Des weiteren ist heute Samstag, da herrscht sowieso Feiertagsstimmung. Ich hoffe, daß Du mal Dein Leben schilderst und wie es Dir dort unten ergeht. Unterdessen sei vielmals gegrüßt von Deinem Bruder Ulrich."

Vater bleibt beim Reichsarbeitsdienst. Er kommt nun etwas öfter nach Hause, wird jedoch immer wieder an eine andere Dienststelle versetzt. 1942 wird meine Schwester Brigitte, 1944 meine Schwester Monika geboren. Von Prag aus wird mein Vater im März 1944 in ein R.A.D.-Lager nach Rottweil versetzt. Von dort schreibt er zum Muttertag am fünfzehnten Mai 1944 einen Brief, der schon fast nach Abschied klingt:

„Meine heißgeliebte Agnes! Für Deine drei überaus lieben Briefe meinen allerherzlichsten und innigsten Dank. Es freut mich außerordentlich, wenn ich täglich von Dir Post bekomme. Sei bitte nicht gleich böse, wenn Du nicht alle Tage etwas von mir hörst, aber ich denke Tag und Nacht an Dich und werde Dich nie vergessen. Vor allem will ich Dir zum Muttertag aus tiefstem Herzen gratulieren. Alle guten Wünsche und Gedanken sind bei Dir, damit Du mir immer erhalten bleibst und mir immer die gleiche Liebe erwiderst, wie sie bisher war. Jetzt siehst Du einer schweren Stunde entgegen, die aber im Bewußtsein des neuen keimenden Lebens so wunderbar von Dir getragen wird. Ich hoffe und wünsche nur, daß wir beide auch einmal wieder die schöne Zeit erleben können und Du dann ein schöneres Leben haben wirst als jetzt. Ich danke der Vorsehung, daß Du und die Kinder so gesund sind. Heute spielt wieder die Musik so wunderbar. Sie klingt so schwer, geradezu zum Aus-der-Haut-fahren! Man muß sich aber in der Gewalt behalten, wenn man noch dazu auf der Landstraße die Liebespaare sieht und zuhause eine süße Frau hat. Für Dein liebes Päckchen tausendmal Dank. Die Plätzchen sind wunderbar, nur fehlt eins: Du und eine Flasche Sekt. Wie hatten wir es immer so schön! Heute regnet es, und es ist sehr kalt. In Gedanken küßt Dich unendliche Male auf Deinen lieben, roten, goldigen Mund Dein Dich immer liebhabender und Dich nie vergessender Ulrich."

Es geht schon knapp auf das Kriegsende zu. Vater ist anscheinend, wie man eigentlich vermuten müßte, immer noch nicht an der Front, um am versprochenen und erhofften Endsieg teilzunehmen. Er schreibt mir nämlich zu meinem fünften Geburtstag am 5. Januar 1945 folgenden Brief, abgesandt von seiner 42. Dienststelle im R.A.D.-Lager Engelsberg:

„Mein geliebter Sohn, geliebter Christian! Zu Deinem hohen Geburtstagsfest, an dem Du fünf Jahre alt werden wirst, meine herzlichste Gratulation. Denke daran, daß Du in einem Alter bist, wo Deine Eltern schon daran sind, mit allen Wünschen des Guten Dich bald in die Schule zu schicken. Denke immer daran, daß es Deine Eltern sind, die alles für Dich tun, damit Du gesund bleibst und Du ein Wissen mitbekommst, damit Du im späteren Leben vorwärts kommst. Bald hört das Spielen auf, und Du mußt fleißig lernen, denn dann bist Du kein Kind mehr, sondern ein richtiger großer Junge, der seinen Eltern Freude bereiten soll. Sei immer lieb und brav zu Deiner Mutter, denn es tut mir sehr leid, daß ich an Deiner Erziehung nicht teilhaben kann. Alle meine Gedanken sind bei Dir, und ich wünsche mir, daß Du ein ordentliches, ehrliches und braves Kind wirst, der Stolz Deiner Eltern. Zum Schluß muß ich Dir aber nochmals sagen, daß Du Deiner Mutter von ihrer schweren Arbeit etwas abnimmst, indem Du folgsam bist und die von Deiner Mutter gegebenen Worte beherzigst. Mein lieber Christian, sei unterdessen nochmals gegrüßt und geküßt von Deinem Dich liebenden Vati."

Dies war das letzte Schreiben aus einem R.A.D.-Lager. Sehr schnell und bald, ohne Verständigung oder Mitteilung an uns, muß Vater an die Front gekommen sein. Etwa im März 1945. Bereits nach einem Vierteljahr befindet er sich in russischer Kriegsgefangenschaft. Freunde bestätigen später, daß er mit einigen anderen Kameraden einen Fluchtversuch unternommen habe, jedoch seien alle von den Amerikanern entdeckt

und aufgegriffen worden. Diese hätten dann die Gefangenge-
nommenen erneut an die Russen ausgeliefert. Ein menschen-
unwürdiges Gefangenenlager im tiefsten Ural in eisiger Kälte
mit viel Arbeit, wenig Essen und geringster Überlebenschance
war ihnen damit sicher.

Kondensstreifen hochfliegender Bomber

Gott, höre mein Gebet
und verbirg dich nicht vor meinem Flehen.
Merke auf mich und erhöre mich
wie ich so ruhelos klage und heule.
Mein Herz ängstigt sich in meinem Leibe,
und Todesfurcht ist auf mich gefallen.
Furcht und Zittern ist über mich gekommen,
und Grauen hat mich überfallen.
Ich sprach: O hätte ich Flügel wie Tauben,
daß ich wegflöge und Ruhe fände!

(Psalm 55, 2.3.5)

In der Flurlgasse sieht es äußerst düster aus, jetzt um sieben Uhr abends, Ende Februar 1945. Von der Jesuitenkirche tönt zaghaft und ungewohnt leise der „Engel des Herrn" herüber. Düster ist es deswegen, weil wieder einmal Lichteinschaltverbot herrscht. Verdunkelungsbefehl! Sämtliche Fenster müssen unter Androhung von strengen Strafen verhängt werden, damit kein noch so kleiner verräterischer Lichtstrahl nach außen dringen kann.

Vor kurzem erst, erzählt Mutter, hätten die Amerikaner mit Flugzeugen einen Lichterteppich über die Stadt ausgebreitet. Sogenannte „Christbäume" hätten die ganze Stadt beleuchtet, ausgeleuchtet, um wichtige Ziele für einen Fliegerangriff erkennen zu lassen.

Ich sitze am kleinen, runden Tisch bei Mutter und erzähle ihr, daß mir gestern auf der Straße eine Frau begegnet sei, deren Haare durch einen dicken Verband verhüllt waren. Als ich sie fragte, ob ihr ein Feind durch den Kopf geschossen hätte, habe sie mich angeschrien und mir klargemacht, daß dies kein Verband, sondern ein Turban sei. Die Frau sei derart laut geworden, sage ich zu Mutter, daß ich mich sehr ungerecht behandelt gefühlt habe. Ein paar dabeistehende Frauen aus der Rosengasse hätten mich jedoch in Schutz genommen.

Mutter meint, daß Ungerechtigkeit heutzutage zur Tagesordnung gehöre und berichtet von Großmutter, die vor einem halben Jahr beinahe eingesperrt geworden wäre. „Ich sehe den ganzen Ablauf noch heute wie einen Film vor mir", sagt sie: Großmutter steht vor ihrer Bäckerei und hält mit beiden Händen einen schweren, geflochtenen Korb, vollgefüllt mit Semmeln, die zum Veit-Wirt hinübergebracht werden sollten. Da marschiert eine SA-Kolonne vorbei, und so kann Großmutter die Gasse nicht überqueren.

Die Männer singen: „Heute wollen wir marschier'n, einen neuen Marsch probier'n, auf dem schönen Westerwald, da pfeift der Wind so kalt." Plötzlich springt der befehlshabende Leutnant wie ein verrückter Hahn auf sie zu und schreit mit erzürnter Miene: „Wo bleibt der Hitlergruß? Warum grüßen Sie die Fahne nicht?" Anscheinend kennt Großmutter den jungen Kerl mit dem schwarzen Schnurrbart und dem frechen Mundwerk, denn sie erwidert: „Weil ich mit beiden Händen den Korb halten muß, Du Hanswurst!" Da wütet er wie ein Berserker, hebt drohend seine Fäuste und plärrt: „Das kostet Sie mindestens ein paar Tage Zuchthaus, Sie Verräterin!" Dann hebt er seine Rechte, ruft laut: „Heil Hitler!" und stolziert wie ein Kapaun seinen Leuten nach, die sich bereits in Höhe des Bürgerspitals befinden und dort auf ihn warten.

Großmutter lächelt nur und überquert mit ihrem Korb die Straße. Aber anscheinend wird ihr und uns ab heute von irgendjemandem nachspioniert. Sollte der unterbliebene Fahnengruß ungesühnt bleiben, so muß jetzt wahrscheinlich etwas anderes gefunden und für eine Bestrafung aufbereitet werden. Man hat uns im Visier. Und schon kommt an einem Dienstagmorgen eine Anzeige wegen Schwarzhörens in das Haus geflattert. Wir sollten uns schriftlich dazu äußern, da ein Arbeiter der Firma Röhrig, die momentan zerfressene Schamottsteine in unserem Backofen austauscht, ausgesagt haben soll, daß er ganz exakt englische Wörter aus unserer Küche bis in die Backstubenbaustelle hinaus gehört hätte. Wir wissen alle, daß unser Bäckergeselle oft und gerne ausländische Sender abhört. Er erzählt uns auch des öfteren, daß diese Sender die Erfolgsmeldungen der Alliierten oder die Niederlagen der Deutschen in deutscher Sprache ausstrahlen.

Großmutter spricht persönlich bei der Stadtverwaltung vor und schwört, daß keiner von uns im Hause die englische Sprache in Wort oder Schrift beherrsche. Es wäre demnach völlig sinnlos und aus der Luft gegriffen, wenn jemand englische Wörter gehört haben wolle. Sehr bald schläft diese Angelegenheit ein. Aber anscheinend sind wir immer noch in der Schußlinie wegen Großmutters unterlassenem Handhebens. Eine neue, diesmal anonym erfolgte Anzeige kommt auf uns zu. Nun wird Mutter verdächtigt, sich am Arbeitsdienst bereichert zu haben. Der Grund: Ein Nachbar habe angeblich beobachtet, daß wir tagtäglich von Vater aus Prag, wohin er sich zum Arbeitsdienst verpflichtet hatte, ein kleines Päckchen erhalten hätten. Wie gesagt: Jeden Tag. Allerdings nur in den Monaten Januar bis April. Auch diese Sache wird sehr schnell bereinigt. Mutter kann mit Hilfe des Postboten Hillermeier, von dem sie das Päckchen aus Prag tagtäglich entgegennahm, glaubhaft machen, daß sich der Inhalt ausschließlich aus persönlichen Geschenken wie Äpfeln, Birnen, Socken, Taschentüchern und ähnlichem zusammengesetzt hatte. Der Postbote kann dies insofern bestätigen, weil er selbst vier kleine Kinder sein eigen nennen darf und Mutter ihm sehr oft eine Kleinigkeit schenkt. Fast immer, so sagt er aus, habe Mutter das Päckchen sogar in seinem Beisein geöffnet. Die Anzeige wird niedergeschlagen. Den anonymen Anzeiger jedoch haben wir nie herausgebracht. Wir haben bis heute nicht die leiseste Ahnung, wer es gewesen sein könnte.

Aber dann tut sich etwas anderes, etwas Schlimmes. Es ist der fünfte Februar. Mit meinem kleinen Rad, das mir Herr Hegen, der im Hinterhof des Hauses in der Flurlgasse eine kleine Reparaturwerkstätte betreibt, aus den Teilen verschiedener Fahrräder zusammengebaut hat, komme ich abends vom Fischen nach Hause. Trotz des Windes, der lehmigen Wege und des Verbotes von Mutter bin ich mit dem Rad gefahren, weil ich in dieses so richtig verknallt bin. Da es zudem vom Bäckergesellen in der Spitalgasse mit Mennige so schön rot angestrichen worden ist, stelle ich es sogar nachts neben mein Bett.

Mutter ist ganz aufgeregt, weil es schon längst Mittagszeit ist und ich so spät erst auftauche. „Es wird gemunkelt, daß bald ein Angriff erfolgen soll", stößt sie schnell atmend hervor, „wir müssen uns bereithalten für den Luftschutzkeller vorne am Stadtplatz. Du weißt schon, was du zu tun hast, oder? Du kannst dich doch noch an die Luftschutzübung erinnern?"

Natürlich weiß ich es. Wir haben es ja schon des öfteren geübt. Ich soll Frau Hierl zum Keller führen, ihr Handgepäck tragen und die alte Frau stützen, so gut es eben geht. Aber ich bin noch zu klein und zu schwach für diese Aufgabe. Brigitte kann schon neben Mutter herlaufen, welche die kleine Monika in einer eisernen Wanne trägt. Alles ist eingespielt, sogar der kleine Rucksack mit dem Nötigsten an Verpflegung steht immer an derselben Stelle am Küchenfensterbrett zum sofortigen Gebrauch bereit.

Ich weiß nicht, wie lange ich in schon am Tisch gesessen und meine Nudelsuppe geschlürft habe, als ich blitzartig durch eine einsetzende und schrille, auf- und abgehende laute Fliegeralarmsirene und durch dumpfes Krachen aufschrecke. Mutter sitzt auf einmal neben mir und hält meine Hände. Die beiden Schwestern schlafen noch. Ruhe. Lange Stille. Wir warten. Auch auf der Straße rührt sich nichts. Wir haben Angst. Dann endlich kommt der ersehnte Ton der Entwarnung. Aufatmen. Entspannen. Müde werden.

Anscheinend ging der Angriff derart schnell vor sich, daß wir gar keine Zeit hatten, um uns luftschutzmäßig auszustatten und davonzumachen. Am nächsten Morgen wissen es alle in der Stadt: Hunderte von Gebäuden wurden beschädigt, viele Menschen mußten ihr Leben lassen. Ein Volltreffer hat auf dem Ludwigsplatz die ganze Gebäudeseite einer Bäckerei aufgerissen. Auch das „Restaurant Krone" wurde schwer beschädigt. In der Von-Leistner-Straße wurde ein Haus von einer Bombe von oben bis unten durchschlagen. Gottseidank ist unser Viertel verschont geblieben.

Tagtäglich gehe ich nun in den Kindergarten, aber alle Augenblicke schaue ich zum Himmel, ob ich nicht ein Flugzeug sehe, das eine Bombe auf mich herunterwerfen will. Und als ich durch Zufall ein Gespräch zwischen Mutter und ihrer Schwester belausche und erfahre, daß ein Onkel in Aiterhofen durch einen Tiefflieger verwundet und seine Ackergäule erschossen worden waren, kommt mir jedes maschinenartige Geräusch suspekt vor. Es könnte ja ein Tiefflieger sein, der plötzlich an der nächsten Straßenecke auftaucht und mich abknallt. Bei jedem Verdacht verstecke ich mich sofort hinter einem Zaun oder einer Mauer, eile in Eingangstore oder presse mich mit geschlossenen Augen gegen eine Hauswand. Dann bleibe ich wieder stehen und schaue Frauen zu, die mit kleinen Leiterwägelchen aus Trümmerhaufen Fensterkreuze, Balken und Ziegelsteine sammeln und abtransportieren.

In der zweiten Aprilwoche trifft Tante Ruth aus Berlin in Straubing ein. In unserer Straße entsteigt sie mit zwei großen Koffern einem Militärlaster, der sie anscheinend unterwegs aufgegabelt hatte, weil die Eisenbahntrasse zerbombt war. Wir Kinder verbringen schöne Tage mit ihr, gewöhnen uns an ihren Berliner Dialekt. Endlich eine freudige Abwechslung in dieser belasteten Zeit. Oft reden Mutter und sie über Ulrich, von dem überhaupt kein Lebenszeichen mehr eintrifft. Sie machen sich Sorgen, hoffen dann wieder. Ein dauerndes Hin und Her zwischen Bangen und Zuversicht, zwischen Weinen und Freude. Fünf Tage vergehen wie im Flug. Und so schreibt man heute den 18. April. Nach dem Mittagessen und einer Tasse Apfelschalentee wollen wir „Mensch-ärgere-dich-nicht" spielen. Gestern Abend mußten wir dieses Spiel unterbrechen, weil wieder einmal, wie in den letzten Wochen des öfteren, der Strom ausgefallen ist und der triste Schein einer Stearinkerze doch ungemütlich war und auf mich ziemlich unheimlich wirkte.

Mittendrin, ich habe eben gewürfelt, schrecken wir auf. Es ist kurz nach ein Uhr Mittag. Das sinuskurvenartige Geheule der Sirene kündigt eindringlich und markerschütternd Gefahr an. Mutter steht schon neben mir. „Schnell den Rucksack und dann zu Frau Hierl!", ruft sie hastig und wendet sich der eisernen Wanne mit dem Baby zu. Tante Ruth will meine größere Schwester ankleiden, doch die wehrt sich mit Händen und Füßen dagegen und zieht immer wieder Schuhe und Socken aus. Da wird Mutter zurecht wütend und schreit:

„Dann eben barfuß!", und wirft Schuhe und Socken in die Wanne zu Monika. Die Sirene hört nicht mehr auf. Wir sind auf der Straße und laufen nach vorne zum Luftschutzkeller, gleich an der westlichen Ecke an der Flurlgasse. Frau Hierl stützt sich schwer bei mir auf. Ich muß sie fast ziehen. Sie atmet asthmatisch. Ihre Lungen pfeifen. Der Luftschutzwart plärrt: „Etwas schneller! Man hört schon die Flugzeuge!"

Ein eigenartiges Sirren und Grollen ertönt am Himmel. Wie fernes Gewitter. Winzige Mauerteilchen rieseln von den Hauswänden. Ich schaue hinauf. Sich überschneidende Kondensstreifen hochfliegender Bomber sind wie weiße Pinselstriche an den hohen Himmel gezeichnet. Diese Flugzeuge sind auf der Suche nach Zielen. Und diese Ziele sind wir. Sie sind auf der Suche nach uns. Sie wollen uns verletzen, verschütten oder gar töten. Wir laufen noch schneller.

Plötzlich knallt und kracht es. Die Flak schießt in den Himmel. Es erinnert an ein Feuerwerk. Nur diesmal ist es bitterernst. Ein Pfeifen. Wie das einer Lok. Dann ein gewaltiges Donnern und Luftbeben. Bomben! Menschen schreien in der Straße. Kinder weinen. Wir erreichen den Eingang zum Keller. Es modert. Riecht nach Kartoffeln und Braunkohle. Eine feuchte Steintreppe führt nach unten. Und da hocken sie: Junge, blutjunge Frauen mit ihren Kindern. Alte Frauen. Keine jungen Männer. Der Luftschutzwart schließt oben das Tor mit einem quietschenden Riegelschub ab. Keiner kann mehr herein. Aber auch nicht mehr hinaus. Die Erde bebt. Zittert. Bombeneinschläge. Ganz in der Nähe von uns. Wir spüren das. Eine Frau fängt zu beten an. Den Rosenkranz. Den schmerzhafte. „Heilige Maria, Mutter Gottes." Die Birne in der schaukelnden Fassung erlischt. Schwarz. Nacht. Finsternis. Angst. Wir rücken zusammen. Ganz nahe. Fassen uns bei den Händen. Umarmen uns. Drücken uns fest aneinander.

Da! Wieder ein Einschlag. Und wieder. Es hört einfach nicht auf. Es scheint eine Ewigkeit zu dauern. Immer wieder Einschläge. Und immer wieder unheimliches und angstmachendes Beben und Donnern. Da endlich geht das Licht wieder an. Zittert leicht. Erneut totale Stille. Hermann, der Junge aus unserer Nachbarschaft, der schon in die Schule geht, riecht fürchterlich. Er hat alles unter sich gehen lassen. Durchfall. Aus Angst. Aus Angst vor dem Sterben. Vor dem Tod. Vielleicht auch vor dem Verschüttetwerden.

Es stinkt. Da fängt Hermann an, sich seine Exkremente in das Gesicht zu schmieren. Als ob er sich unkenntlich machen wollte. Damit ihn die angreifenden Piloten nicht sehen sollten. Seine Mutter zerrt ihn hinter einen kleinen Holzverschlag. Am Boden eine schmale Urinspur. Sie spricht leise mit ihm. Flüstert. Putzt ihn vorsichtig ab. Da beginnt er leise zu weinen. Ganz hoch. Monoton. Sonst hört man nichts mehr.

„Vielleicht ist alles schon vorbei", murmelt der Luftschutzwart. Da! Die Entwarnung! Eindringlich schreit die Sirene mit einem gleichbleibenden Ton. Nach einer Dreiviertelstunde ist alles vorüber. Gott sei Dank!

Wir sehen uns an. Eine Frau lächelt. Die anderen verlassen schnell den Keller. Nur heim! Nachsehen, ob sie unsere Wohnung erwischt haben, die Flugzeuge, die Bomben. Wir haben nochmal Glück gehabt. Wir setzen uns wieder an den Tisch. Die bunten Männchen des Spieles stehen immer noch da. Sie schweigen. Wie wir. Wir sind irgendwie sprachlos geworden. Können noch nicht klar denken. Mußten noch nicht sterben. Dürfen wieder weiterleben. Ich rieche immer noch die Kartoffeln und die Braunkohlen. Und Hermann. Ich sehe die Kondensstreifen am Himmel. Höre die Frau beten. Singe nun selbst. Immer dasselbe. „Segne du Maria, segne mich, dein Kind, daß ich hier den Frieden, dort den Himmel find.."

Am nächsten Morgen bricht sekundenweise die Sonne durch, hell und leuchtend. Klar. Als wolle sie die Schrecken des Vortages leugnen, die ausgestandenen Ängste vertuschen, die belastenden Erinnerungen beseitigen. Wochenlang noch kann ich dieses so schlimme und fürchterliche Erlebnis im Luftschutzkeller nicht vergessen. Wochenlang träume ich nachts von plötzlich auftauchenden Tieffliegern, angreifenden Bombern, sirrenden Bomben, weißen Kondensstreifen, schreienden Menschen, betenden Frauen, weinenden Kindern. Wochenlang. Fast jede Nacht.

O Heiland, reiß die Himmel auf

Und es wird ein Reis hervorgehen
aus dem Stamm Isais und ein Zweig
aus seiner Wurzel Frucht bringen.
Auf ihm wird ruhen der Geist des Herrn,
der Geist der Weisheit und des Verstandes,
der Geist des Rates und der Stärke,
der Geist der Erkenntnis
und der Furcht des Herrn.

(Jesaja 11.1.2.)

Wieder bin ich in der Bäckerei meiner Großeltern. Großvater hat sich zu einem verdienten Mittagsschlaf zurückgezogen. Großmutter sitzt hinter dem Ladenpult und strickt. Ich liege auf dem Sofa und streichle die pechschwarze Katze, die auf meinem Bauch schnurrt. Die Ladenglocke läutet. Frau Holler von der Schloßkaserne betritt sehr verstört und mit verweinten Augen das Geschäft. Sie hält Großmutter einen handgeschriebenen Brief hin. „Bitte, lesen, aber laut", haucht sie. Großmutter sieht mich fragend und prüfend an. Soll sie in meiner Anwesenheit lesen? Doch dann tut sie es:

„Sehr geehrte Frau Holler! Das unerbittliche Schicksal zwingt mich dazu, Ihnen mitzuteilen, daß Ihr Mann, der Obergefreite Wilhelm Holler, seit den im heldenhaften Einsatz geführten Kämpfen bei Sewastopol vermißt wird. Die angestellten Nachforschungen haben leider bis heute noch zu keinem Erfolg geführt. Betrachten Sie bitte diese Mitteilung nicht als endgültig, da es durchaus möglich ist, daß Ihr Mann während der harten Kämpfe als Kranker oder Verwundeter aus Sewastopol in ein Lazarett überführt worden ist. Sollten Sie irgendwelche Nachrichten von Ihrem Mann erhalten, bitte ich, mir hiervon Kenntnis zu geben. Durch sein Opfer hat er zusammen mit seinen Kameraden in den entscheidenden Wochen dieses Krieges große Massen des Feindes auf sich gezogen und dadurch deren Eingreifen an anderen wichtigen Abschnitten der Ostfront verhindert. Möge Ihnen die Gewißheit, daß Ihr Mann sich in diesem entscheidenden Kampf für die Zukunft und das Leben unseres Volkes eingesetzt hat, die Kraft geben, das Schwere zu tragen, das Ihnen das Schicksal auferlegt hat. In aufrichtigem Mitgefühl grüße ich Sie Ihr Lt. Reber". Keiner spricht. Alle schweigen. Betroffen.

Da bricht Frau Holler die Stille. „Gehe doch bitte zu Franz. Er ist allein", sagt sie leise zu mir. Und schon bin ich fort. Auf der Furcht vor dem Schlimmen, das ich da wieder mitanhören mußte. Mein Weg führt hinunter zur nahen Schloßkaserne. Franz hat ein paar Tage im Kindergarten gefehlt, weil er unter Kopfläusen leidet und der Lausessig unter der engsitzenden Teufelsstrickmütze noch nichts genutzt hat. Als ich klopfe, öffnet er vorsichtig die Türe und freut sich, daß ich komme. Es ist nur eine kleine Einzimmerwohnung, jedoch sehr ordentlich aufgeräumt. Und das gefällt mir. Der Blick fällt zur träge dahinfließenden Donau hinunter. Das beruhigt etwas. Ich vermeide es, Franz nach dem Brief zu fragen. Vielleicht weiß er noch nichts davon.

Da zieht Franz einen selbstbemalten Pappkarton, handgeschnitzte Männchen zum „Mensch-ärgere-dich-nicht"-Spiel und einen Riesenwürfel unter dem Sofa hervor. Wir spielen hingebungsvoll und ruhig. In regelmäßigen Zeitabständen, so, als ob ihm eine innere Uhr dafür die Zeit ansagen würde, wirft mein Freund immer wieder ein Holzscheit in den Kanonenofen. Die Wärme tut gut. Macht müde. Die Augenlider werden schwer. Die Wasserkanne auf der Ofenplatte sirrt leierartig eine monoton-traurige Melodie. Wir schlafen ein. Erst bei einbrechender Dunkelheit werden wir wach. Schlaftrunken trotte ich heim. Zu meiner Mutter in die Flurlgasse. Sie weiß ja auch noch nichts von ihrem Mann. Aber den Brief von Frau Holler verschweige ich lieber. Sonst wird meine Mutter wieder ganz aufgewühlt. Sie wird alles noch früh genug erfahren.

Am nächsten Morgen blicke ich vom Küchenfenster auf die vom Neuschnee überzuckerten Dächer hinüber. Auf einem Mauervorsprung gegenüber haben Tauben sternförmige Fußspuren hinterlassen, und während ich diese zu zählen versuche, höre ich Mutters Stimme neben mir: „Jetzt wird es aber Zeit, daß du in den Kindergarten kommst. Du hast doch heute Probe für das Weihnachtstheater am übernächsten Samstag. Schnell, ich ziehe dich mit dem Schlitten hin."

Mir fällt ein, wie ungern und mit welch großem Widerwillen ich anfänglich in diesen Kindergarten ging, doch nun freue ich mich auf die Kindergartenschwester, die Helferin und die vielen fröhlichen Buben und Mädchen. Und bei besagtem Theaternachmittag darf ich sogar die Hauptrolle übernehmen: Ich spiele ein Kind, das sich vom Christkind etwas ganz Großes wünschen darf.

Geübt habe ich schon Wochen vorher im Verbindungstrakt vom Aufenthaltsraum zur kleinen Küche, in welchem ein großes Plakat an der Wand befestigt ist. Es zeigt eine Frau mit weitem Strohhut, die, auf einer Leiter stehend, Äpfel vom Baum pflückt und in einen Korb fallen läßt. Daneben summt eine riesengroße Hummel. Und neben diesem Bild stehe ich jeweils vor einer Probe und beginne mit dem Text:"Der Abend grüßt mit frost'gem Hauch die große, dunkle Stadt", und am Ende dieses langen Gedichtes fragt das Christkind die anderen Kinder und mich, was wir uns zu Weihnachten wünschen. Den Text dafür müssen wir in den nächsten Tagen auswendig lernen.

Schnell, mit Riesenschritten, kommt der Theaternachmittag herangeeilt. Ein bißchen aufgeregt sind wir schon, wir kleinen Schauspieler, als wir sehen, daß der Aufenthaltsraum gerammelt voll von Müttern, Omas und Opas ist. Junge Männer sehe ich eigentlich keine. Das fällt mir auf. Über der improvisierten Bühne hängt ein kleiner Adventskranz. Die Kindergartenschwester zündet alle vier Stearinkerzen an, begrüßt dann die Gäste und singt mit uns allen das Lied „O Heiland, reiß die

Himmel auf", wobei eine junge Schwester mit der Gitarre die Begleitung dazu spielt. Eine ältere Frau liest noch eine kurze Weihnachtsgeschichte vor, und dann beginnt die Aufführung. Kinder sitzen auf dem Fußboden und spielen. Sie reden miteinander. Über das Wetter, die Kälte, den Krieg. Über den Krieg, der nun endlich vorbei ist. Über die Not zu Hause. Über kalte Wohnungen. Über das nie ausreichende Essen. Und da erscheint auf einmal das Christkind in einem weißen Seidenkleid, das mit goldenen Papiersternchen beklebt ist. Jeden fragt es nun nach seinem Begehr. Und nahezu alle wollen Kleidung, Essen, Wärme.

Alles zieht sich ein wenig in die Länge, weil viele Kinder mitspielen und die Zuschauer nach jedem Kindersatz Beifall spenden. Jetzt kommt die Reihe an mich, und das Christkind stellt mir eine Frage:"Du hast doch noch zwei Schwesterchen! Warum wünscht du dir da nicht einen Kinderwagen für sie?" „Nein", antworte ich,"ich wünsche mir etwas viel Größeres!" „Vielleicht ein neues Bett?" „Nein, etwas viel Größeres!" „Vielleicht eine neue Wohnung, in der ihr alle viel mehr Platz habt?" „Nein, etwas viel Größeres!" „Dann kann ich dir leider kein Geschenk bringen", spricht das Christkind, „was wünscht du dir eigentlich?" Da sage ich ganz laut und besonders betont: „Ich möchte von dir meinen lieben, lieben Vater!"

Da bleibt es still im Saal. Niemand flüstert. Keiner klatscht. Nur verhaltenes Weinen und Schluchzen. Dann folgt ein lautes Schneuzen. Das Licht geht an. Die Schwester streichelt uns der Reihe nach über die Köpfe:"Gut gemacht! Schön gespielt!" Alle gehen. Auch Mutter und ich. Sie hat gerötete Augen. Also hat sie auch geweint. Sie führt mich die Rosengasse entlang. Bei dem in die Mauer eingelassenen Teil eines jüdischen Friedhofsteines sagt sie:"Es wird aber nun wirklich Zeit, daß Vati bald heimkommt. Langsam verliere ich die Geduld."

Als ich dann in unserer Wohnung in der Flurlgasse neben dem Küchenfenster sitze und den kleinen Schneeflocken bei ihrem Tanz im Laternenlichtkegel zusehe, denke ich an einen Ausschnitt des Gedichtes, welches eine Mitspielerin, die Elisabeth, am Anfang des heutigen Theaterspieles aufgesagt hatte:

"Ach, Mutter, wo ist Vater bloß? Ich möchte' ihn wiederseh'n."

„Freu' dich mein Kind, der Vater schrieb: Ich komme bald, ich hab' euch lieb."

Wann endlich erhalten auch wir einen Brief oder wenigstens eine Feldpostkarte von Vater?

Wie ein Strom beginnt zu rinnen

Der nationalsozialistische Staat wird mit
seiner Energie und Tatkraft alles das,
was heute der Zerstörung verfällt, in wenigen
Jahren neu errichten. Unsere Städte werden
in ihrem äußeren Bild gewaltiger und schöner
sein als je zuvor.
(Aus: Völkischer Beobachter, Berliner Ausgabe,
Nr.1 vom 02. Januar 1945, A. Hitler)

Wenn ich heute während meiner unterschiedlichen Ausflüge
und Exkursionen durch die engen Gassen und über die weiten Plätze von Taus, Wallern oder Klattau schlendere, muß ich
unwillkürlich an meine Kindheit gleich nach dem Krieg denken. Denn der beizende Geruch, teils auch Gestank der ver-
brennenden Braunkohle vermischt sich mit dem Beige-
schmack der heimlich und verbotenerweise abgesägten Jung-
fichten aus dem nahen Vorwald. Dagegen war allein der süß-
liche Harzgeruch dieses mit Handwagen oder Schubkarren
nach Hause beförderten Holzes wie Balsam für unsere Nasen.
Auch im Hause meiner Großeltern wird fleißig Holz gespalten,
zerhackt und geheizt, damit die Roggensemmeln für uns Kinder und die seltenen, uns nahezu exotisch erscheinenden
Mohnkuchen der Flüchtlinge backen können. Und da Mutter
heute wieder beim Verkaufen im Laden als gern gesehene
Aushilfe fungiert, halte ich auch mich schon wieder in meinem geliebten Bäckerhaus auf.
Da niemand etwas besitzt außer sein Leben und ein paar wenige Kleinigkeiten, hocken Menschen verschiedenster Alters-
gruppen und Berufsstände draußen auf unseren Hausgang-
treppen und versuchen, Zaumzeug, Uhrenketten, Sicheln,
Körbe oder auch verzierte Kerzen und geweihte Wachsstöcke
untereinander zu handeln oder bei unserer Großmutter gegen

die immer und vielbegehrte Hefe oder einen Steinguttopf voll Sauerteig einzutauschen.

Des öfteren werden uns auch Eier oder geräuchertes Fleisch angeboten. Diese Naturalien jedoch benötigen wir nicht, da wir unten im Hinterhof in einem Anbau selbst Hühner und Schweine unser Eigen nennen dürfen. Vor allem dieser Tiere wegen und weil Mutter wegen Großmutters Zuckerkrankheit sehr oft in der Bäckerei aushilft, bin ich nahezu die ganze Zeit, außer wenn ich im Kindergarten bin, im Hause der Großeltern, obwohl wir drei Kinder mit Mutter immer noch in der Flurlgasse wohnen, Auch übernachte ich des öfteren bei meinen Großeltern oder komme schon mal auch vor dem Kindergarten und später auch vor der Schule in aller Frühe in das Bäckerhaus, um frische Frühstückssemmeln zu holen.

Sehr gefragt ist heute im Flur auf dem Treppenhaus ein ehemaliger Eisdielenbesitzer aus Bogen, der amerikanische Zigaretten, hauptsächlich Lucky Strike und Camel, anbietet. Mit dieser Ware kann man auf dem Schwarzen Markt, der jetzt in voller Blüte steht, so gut wie alles Benötigte erhandeln. Ein Kolonialwarenhändler aus Falkenstein erzählt von den Schwierigkeiten, bis nach Straubing zu gelangen, da Brücken, Straßen und Gleisanlagen vernichtet seien und es in manchen Orten weder Gas, Wasser oder Elektrizität gebe. Zudem hätte es wieder Mal ziemlich lange gedauert, bis er einen Passierschein von der amerikanischen Militärregierung erhalten habe. Eine Flüchtlingsfrau meint sogar, im ganzen Land würden nur noch Trümmer, Tod und Tränen herrschen. Diese drei T sind mir damals als Kind schon verständlich geworden und haben mich sichtlich und nachhaltig beeindruckt.

So sitzen sie da, reden und berichten, jetzt, im Oktober 1945, hören zu und erzählen weiter, lassen sich von mir schon mal einen Krug Dünnbier beim Wirt holen, trinken aus diesem genüßlich und kauen dabei eine dunkelbraune Roggensemmel oder ein Stück Schwarzbrot. Ganz oben lehnt ein blasser, weißhaariger Mensch und sagt Gebete auf, die jedoch nicht ankommen. Man legt ihm nahe, er solle sofort aus dem Haus verschwinden. Draußen auf der Straße betet er laut weiter, singt Marienlieder und weint dazwischen wie ein kleines Kind. Er steigt das Treppchen zum Spitzwinkel hinauf, bleibt auf der obersten Stufe stehen, stellt sich hin wie ein Heldentenor, breitbeinig, beide Arme von sich weggestreckt nach außen haltend und beginnt laut zu schreien, ohne erkennbare Melodie:"Ach wie nichtig, ach wie flüchtig sind der Menschen Tage. Wie ein Strom beginnt zu rinnen und mit Laufen nicht hält innen, so fährt unsre Zeit von hinnen!"

Ein Mann schlägt die Haustüre zu und sagt, dieser Kerl hätte einen Luftangriffsschock."Vielleicht ist er verschüttet gewesen. Im Grunde genommen ist er eine arme Sau. Aber er sollte uns wenigstens in Ruhe lassen! Wir haben selbst Sorgen und Nöte!"

Später, nachmittags, Mutter hat sich hingelegt, bin ich allein im Laden. Es ist meine Zeit. Meine Verkaufszeit. Es kommen noch nicht so viele Kunden. Und ich darf auch deswegen verkaufen, weil ich den Wert der einzelnen Münzen und Scheine schon kenne.

Das Ladentürglöckchen bimmelt. Ich schaue aus der Küche durch die Glasscheibe in den Verkaufsraum. Schon wieder ein Heimkehrer. Der zehnte heute. Zerfetzte Kleidung, unrasiert, die Füße in geflickten Sandaletten, eine Decke unter dem Arm, eine kalte Zigarettenkippe im Mundwinkel hängend. Er bettelt, wie die anderen vor ihm auch. Seit Monaten schon backen wir lange Brotwecken und schneiden bei Bedarf eine dicke Scheibe herunter. Eine soche bekommt dann jeder Heimkehrer. Mehr können wir beim besten Willen nicht hergeben. Wir sind selbst viele Personen und haben immer Hunger. Ich gebe dem Mann die Scheibe Brot in die hergestreckte Hand. Er nimmt das Brot, riecht daran, wirft es plötzlich auf den Boden, steigt darauf, zermalmt und zertritt es mit den Füßen. Ich bekomme es mit der Angst zu tun. Ich bin überfordert und weiß nicht, wie ich mich verhalten und was ich tun soll. Er starrt mich komisch an."Was Heißes", schreit er.

Da kommt Gottseidank der Bäckergeselle Bernhard und hilft mir."Laß das Kind in Ruhe", sagt er zischend zu ihm,"was kann das Kind dafür?" „Was kann ich dafür, wenn mich hungert? Gib mir endlich was. Aber schnell!" „Du hast das, was du bekommen hast, zertreten", versucht Bernhard dem Heimkehrer klar zu machen. „So ein Stück Brot habe ich noch von jedem Russenweib bekommen", ruft er, „von meinen deutschen Landsleuten erwarte ich mir mehr. Auch wenn wir den Scheißkrieg verloren haben, werdet ihr doch für einen Soldaten was zu Fressen haben! Mich hungert!" Er kniet auf einmal nieder und beginnt laut und mit gefalteten Händen das Vaterunser zu beten.

Da springt Bernhard auf ihn zu, packt ihn am Hosenbund und am Hals und bugsiert ihn vor die Ladentüre. Dort läßt er ihn los. Der ehemalige Kriegsgefangene sagt kein Wort, geht davon, ohne sich umzudrehen. Er tut mir auf einmal sehr leid. Bernhard geht. Da kommt Großmutter, die wohl noch einiges mitbekommen hat und nimmt mich in ihre Arme. Sie will gerade ansetzen, mir vielleicht etwas Tröstliches zu sagen, da stockt sie und flüstert schnell in mein Ohr:"Um Gottes Willen, der Deichner kommt!"

Schon klingelt erneut das Türglöckchen. Und da steht er wieder vor uns, wie nahezu jeden Tag: schwarze Strickhandschuhe, dunkelblaue Eisenbahnerkappe, langer, grauer Mantel, schwarze, frisch gewichste Schnürstiefel und einen rotbraunen Schal. An der linken Brustseite hängen und stecken Phantasieabzeichen in Form von Medaillen und Kreuzen, Auszeichnungen des KdF, Zinnfiguren des Winterhilfswerkes, ein glitzerndes Hakenkreuz und eine schwarz-rot-goldene Flagge in Miniaturausgabe.

Deichner klappt die Hacken der Stiefel zusammen, reißt mit der linken Hand seine Kappe vom Kopf, erhebt die Rechte und ruft:"Für was aber wir kämpfen, ist uns allen klar. Es ist die Erhaltung des deutschen Menschen, es ist unsere Heimat, es ist unsere zweitausendjährige Kultur, es sind die Kinder und Kindeskinder …" „Schon gut", unterbricht ihn Großmutter,"die Zeiten sind doch jetzt vorbei". „Nein", sagt Deichner, „Millionen Deutsche aller Berufe und aller Lebensstände, Männer und Frauen, Knaben und Mädchen, bis herab zu den Kindern haben zum Spaten und zur Schaufel gegriffen. Tausende von Volkssturmbataillonen …"

„Darf ich Ihnen eine Semmel anbieten?" unterbricht ihn Großmutter erneut und schon sehr ungeduldig. Deichner hört sie nicht. Ganz weit weg scheint er zu sein. Er starrt durch die Auslagenscheibe in den wolkenverhangenen Himmel, steht stramm und beginnt zu singen: „Und mögen die Alten auch schelten, so laßt sie nur toben und schrein, und stemmen sich gegen uns Welten, wir werden doch Sieger sein, wir werden weiter marschieren, wenn alles in Scherben fällt, denn heute da hört uns Deutschland, und morgen die ganze Welt!" Nochmals den Hitlergruß, und dann ist der Anfall, wie Großmutter die fast tägliche Vorstellung charakterisiert, vorbei. Deichner setzt sich brav und ein wenig in sich zusammengesunken neben die Brotschneidemaschine und kaut an einer Semmel. Man meint, er schläft gleich ein. Alles war wieder so anstrengend für ihn, den armen Kerl. Doch dann springt er unvermutet auf, geht hinter das Verkaufspult, legt Großmutter die Hand auf die Schulter, sieht ihr mit leerem Blick in die Augen und flüstert:"Wir kennen aus der Vergangenheit und Gegenwart die Ziele unserer Feinde. Man kann aber entweder in der Freiheit leben oder in der Knechtschaft sterben." Erneuter Hitlergruß, stramm gestanden, Handschuhe angezogen, Türe aufgerissen, und aus ist der Spuk.

So geht es noch Jahre, bis Deichner eines Tages nicht mehr kommt. Wir erfahren mit keinem Wort, was aus ihm wurde oder was ihm geschah. Einfach weg. Von der Bildfläche verschwunden.

Soldaten siegen oder sterben

Ob's stürmt oder schneit, ob die Sonne uns lacht,
der Tag glühend heiß oder eiskalte Nacht,
bestaubt sind die Gesichter,
doch froh ist unser Sinn, ist unser Sinn,
es braust unser Panzer im Sturmwind dahin.
Und läßt uns im Stich einst das treulose Glück
und kehren wir nicht mehr zur Heimat zurück;
trifft uns die Todeskugel,
ruft uns das Schicksal ab, ja Schicksal ab,
dann wird uns der Panzer ein ehernes Grab.

(„Panzerlied"; Aus: Das neue Soldatenliederbuch,
Heft 1, B. Schott's Söhne, Mainz; BSS 35653; S. 27
Strophen 1 u. 5; Jahr der Herausgabe unbekannt)

„Jetzt reicht es aber wirklich bald", meint Mutter, als ihr Kunden im Geschäft berichten, daß auf dem Stadtplatz wieder eine Menge Fensterscheiben und Auslagenverglasungen von amerikanischen Soldaten zerschlagen worden sind. Und einige hätten sogar mit ihren Pistolen auf Straßenlaternen geschossen. Es soll auch schon gemunkelt worden sein, daß die Amerikaner sogar für die Zeit nach der Christmette Schlägereien angedroht hätten. „Wann endlich wird wirklich Friede sein?", sinniert Mutter und wirft eine Handvoll Wechselgeld in die blauemaillierte Dose mit dem gelben Mäandermuster.
Doch dann ist er schneller herangekommen, als man zu glauben vermochte, der Montag, der 24. Dezember 1945. Heiliger Abend. Federleichte Schneeflöckchen trudeln vereinzelt auf die Pflastersteine nieder. Im Bäckerladen geht es mächtig zu, und Mutter hat alle Hände voll zu tun. Sie verkauft allein im Geschäft. Großvater arbeitet in der Backstube, und Großmutter liegt wieder im Bett. Zuckerkrank. Offenes Bein.

Deshalb sind wir für ein paar Tage in die Spitalgasse hinuntergezogen, um vor den Feiertagen auszuhelfen. Die Ladentürglocke läutet unentwegt, die Kunden geben sich wechselseitig die Türklinke in die Hand. Frische Semmeln sind gefragt, auch wenn sie noch aus graubraunem Roggenmehl sind. Und Knödelbrot wird eingekauft, für die Feiertage. Das Knödelbrot ist meine Sache. Ich kann die Schneidemaschine gut bedienen, zwölf Tage vor meinem sechsten Geburtstag, an den ich immer schon denken muß, obwohl doch zuvor noch Weihnachten kommt.

Draußen wird es schon dunkel, jetzt am späten Nachmittag. Die Straßenlaterne über der Kreuzung schaukelt hin und her, brennt aber wieder mal nicht. Sicherlich ein Stromausfall, wie so oft in den letzten Wochen. Heute gegen früh ist auch die Teigteilmaschine wieder stehengeblieben. Ich habe das Fluchen der Bäcker bis in mein Bett herauf gehört. Die letzte Kundin, eine junge Flüchtlingsfrau, verläßt soeben den Laden. Mutter sperrt die Türe ab und läßt das Auslagenrollo herunter. Im Brotregal liegen noch zwölf Laibe Brot. Wir sehen uns lange an. Das ist schlimm. Bis zum Donnerstag, es liegen ja zwei Feiertage dazwischen, wird das Brot alt. Es kann nicht mehr verkauft werden. Großvater darf das nicht wissen, sonst dreht er durch. Wir kennen das. Wir gehen daran, die Laibe zu verstecken, einzeln, an verschiedenen Stellen im Haus. Und wenn am zweiten Feiertag abends ein neuer Teig angerührt wird, geben wir halt immer wieder ein paar Scheiben des versteckten Brotes dazu. Das wird schon klappen, meint Mutter, die auch am kommenden Wochenende noch aushelfen will.

Wir ziehen uns an, verabschieden uns. Mutter trägt meine Schwester Brigitte auf dem Arm. Die kleine Monika wird im Kinderwagen geschoben. Es geht nach Hause, über den Stadtplatz in die Flurlgasse. Die Wohnung im zweiten Stock ist ausgekühlt. Mutter schneidet Späne mittels einer Art Machete, eine Seite zum Hacken, die andere zum Sägen, mit der wir auch schon kleine Bäume im Wald wegen lebenswichtiger

Brennholzvorräte gefällt haben. Ein paar Bricketts haben wir aus der Bäckerei mit nach Hause genommen, versteckt im Kinderwagen. Und vor einer Woche mischten wir zusammengekehrten Kohlenstaub mit Wasser, formten kleine Kugeln daraus, die wir in Zeitungspapier wickelten und anschließend trocknen ließen. Auch diese Staubkohlen brennen gut und machen die Küche warm.

Das Wohnzimmer dürfen wir seit gestern nicht mehr betreten, weil das Christkind darin zu tun habe, sagt uns Mutter. Ich war schon sehr aufgeregt, obwohl ich mir ja hätte denken können, daß es größere Geschenke kaum geben wird, jetzt, in dieser schlechten Zeit, sieben Monate nach Kriegsende.

Voriges Jahr hatte ich ja eine Burg bekommen, aus Papiermache, unter Beimischung von Altpapier, Leim, Stärke, Gips, Kreide und Ton, erzählte Mutter des öfteren. Vaters Freunde vom Reichsarbeitsdienst hätten diese Burg in ihrer Freizeit gebastelt, in eine geölte Form gepreßt und trocknen lassen. Ganz schwarz war sie bemalt, die Burg. Zum Fürchten, denn nahezu vierzig Bleisoldaten, voran die Trommler, dann das Fußvolk mit aufgepflanztem Bajonett, marschierten auf dem Burggelände herum, lauerten hinter Zinnen und Schießscharten, standen Wache auf der Zugbrücke, verteidigten die Kemenate, und auf dem Bergfried flatterte stolz eine Hakenkreuzflagge. Spielen war mit dieser Burg eine wahre Freude, konnte man doch alle angreifenden Feinde der Reihe nach gefangennehmen und anschließend in das dunkle Burgverlies werfen.

Während ich immer noch an die stattliche Burg denke, klingelt ein Glöcklein, und die Wohnzimmertüre wird langsam geöffnet. Ein Christbaum, ein sehr kleiner, auf einem runden Tischchen stehend, leuchtet in die Küche heraus. Ich gehe auf ihn zu, bin fasziniert von den brennenden Kerzen, den wippenden Vögelchen, den bunten Kugeln, den baumelnden Laternchen und dem silbrigen Lametta. Mutter spielt auf ihrer

Zither „Süßer die Glocken nie klingen" und singt dazu. Das kann sie gut. Es gefällt uns.

Aber da fällt mein Blick auf den Boden unter dem Tischchen. Ein Panzer steht da, ein großer, mächtiger Panzer aus Sperrholz, grüngrau bemalt, mit Turmdrehkranz, Kanone, Zielfernrohr, Kommandantenkuppel, Antenne, Triebrad und Kette. Mutter sagt, es sei ein englischer Kampfpanzer, kein deutscher. Solche gibt es nicht mehr. „Comet I" steht vorne darauf. Mutter erzählt, daß es Sperrholz genug gäbe, weil alle Leute ihre Hitlerbilder abgenommen und zerkratzt hätten. Und die waren aus Sperrholz. Lange spiele ich, lasse Soldaten siegen oder sterben, beschieße auch Mutter aus Spaß.

Ich lege mich auf den Rücken, stelle das Gefährt auf meinen Bauch, schlafe dabei ein. Mutter muß mich ins Bett getragen haben, denn am nächsten Morgen weckt mich das feierliche Festtagsgeläute der Veitskirche. Es ist Weihnachtstag. Auf der ganzen Welt. Ohne Krieg. Ohne Fliegeralarm. Ohne Luftschutzkeller. Ohne Tränen. Friede auf Erden.

Schwarze Asche schneit hernieder

In der Nacht ist der Mensch nicht gern alleine,
denn die Liebe im hellen Mondenscheine
ist das Schönste, Sie wissen, was ich meine,
einerseits und andererseits und außerdem.
Jeder Mensch braucht ein kleines bißchen Liebe,
g'rade die ist im großen Weltgetriebe
für das Herz wohl der schönste aller Triebe,
einerseits und andererseits und außerdem.

(Marika Rökk)

Schnell ist sie erloschen, die spätherbstliche Wärme. Schon Ende Oktober beginnt es eiskalt zu regnen. Man erzählt sich, daß das Stadttheater am Theresienplatz wieder den Betrieb aufnehmen wolle. Schon im November des vergangenen Jahres habe die Stadt einen Vertrag mit dem neuen Theaterdirektor geschlossen. Der neue Pächter und Schauspieler trage den Namen Curd Jürgens. In der Zeitung steht nun, daß momentan das Stück „Geliebter Michael" zur Aufführung gelange. Curd Jürgens habe es selbst geschrieben. Die Nachmittagsvorstellungen seien besonders beliebt, da sie nicht von Stromsperren betroffen seien.

Jetzt, ein Vierteljahr später, sind die steilen Dächereien mit leichtem Schneeflockenflaum überdeckt, und das Kopfsteinpflaster ist glitschig, rutschig und naß. Da fährt der Müller aus Atting fast täglich mit seinem Pferdefuhrwerk vor. Für den Schlitten reicht die Schneemenge noch nicht ganz. Mehlsäcke, Doppelzentnersäcke werden abgeladen und mittels Aufzug in den dritten Stock hinaufgezogen. Die Weihnachtszeit hat viel Mehl verbraucht. Und nun werden wir wieder gegen entsprechende Brotmarken, die von uns auf Zeitungspapier geklebt wurden, für das neue Jahr, für den Frühling, eingedeckt.

Starke Kälte setzt ein. Über Nacht. Unangemeldet bricht sie in die kleine Stadt ein. Der Weiher am Pulverturm friert zu. Wird spiegelglatt. Schlittschuhfahren ist angesagt. Mit einem Kurbelschlüssel werden die Metallgleiter an den Schuhabsätzen befestigt, und oft genug werden letztere beim Entfernen der Schlittschuhe oder durch einen ungeschickten Sturz weggerissen. Das Metall selbst ist auch nicht besonders strapazierfähig. Zu oft muß der Hohlschliff erneuert werden.

Schneeburgbauen und lustige Schneeballschlachten haben jetzt Hochkonjunktur. Überall finden Kämpfe statt. Von allen Höfen und Gärten heraus grinsen Schneemänner mit Topfhüten, Gelberübennasen und Reisigbesenstielen. Schwere Braurösser ziehen tagtäglich an unserem Geschäft vorbei, beladen mit Eisblöcken, die aus den Weihern gesägt werden. Sie dienen zur Kühlung dunkler Sommerkeller in den Brauereien. Jetzt, zu ungewohnter Zeit, wirft unsere getigerte Kätzin noch Junge. Sechs Stück. Sie sind noch blind. Schreien. Hell und laut. Wir können sie jedoch nicht gebrauchen. Und geschenkt will sie auch niemand. Aber Großvater denkt sich nicht viel dabei. Er ist nicht zimperlich. Irgendwie müssen die jungen Tiere verschwinden. Also schleudert er sie nacheinander mit großer Gewalt auf den Dielenboden. Die meisten strecken sich schon nach dem ersten harten Aufprall und verrecken auf der Stelle. Manche allerdings haben nach dem ersten Schock noch die instinktive Kraft, sich unter ein Brett zu verkriechen. Heimlich und anscheinend unter äußerst umständlichen Bedingungen werden sie vom Muttertier gefüttert. Am Leben erhalten.

Als Dreimonatskatzen erscheinen sie dann wieder auf der Bildfläche. Auf allerlei Arten und Weisen entstellt oder verkrüppelt: buckelig, hinkend, mit nur drei Beinen, mit versteiftem Rückgrat, auf einem oder auf beiden Augen blind. Doch diese Art des auf Zufall ausgerichteten Tötens wird bald durch eine schnellere, sicherere, schmerzfreiere und sehr einfache Art abgelöst: Die jungen Tiere werden in die Backfeuerstelle geworfen, wenn diese kurz vor der Broteinschießzeit unter Weißglut steht. Die Körper verpuffen in der Gluthitze in Zehntelsekundenschnelle. Türe auf, Wurf, ein kleines Zischen, nichts mehr da. Das halten wir alle für gerechtfertigt. Für einigermaßen human. Ist es auch. Aber als ob sie es ahnen oder schmecken würden: Von Mal zu Mal verstecken die Katzen ihren Wurf immer öfter an den verborgensten Stellen. Sogar oft außerhalb des Hauses. Im Hühnerstall. Im Taubenkobel. Und so besitzen wir allmählich mehr Katzen als uns lieb ist. Freilich fangen sie andererseits wieder Mäuse und Ratten, von denen in dieser Zeit auch zu viele herumlaufen. Aber wenn eines dieser Beutetiere Vergiftetes gefressen oder sich an der Donau oder irgendwo an einem Aas infiziert hat, erkranken auch die Jäger.

Dann liegen sie, alte und junge Katzen, wie aufgereiht da und erwarten das Sterben. Die Sucht breitet sich aus. Alle werden krank und siech. Alle befällt der Gifttod. Auch die in der näheren und weiteren Nachbarschaft. Bis Kagers hinaus und bis Ittling hinunter berichtet man vom großen Katzensterben. Und nun nehmen neben den Mäusen auch die Ratten wieder überhand. Sehr schnell. Alles fressen sie an und weg.

Wir wissen uns einigermaßen zu helfen. Großvater holt seinen Flobertstutzen hervor, den er lange hinter einem Holzstoß im Hühnerstall versteckt gehalten hatte. Er entsichert ihn. Geht hinaus auf den Balkon. Wirft Hühnerfutter in den Hof hinunter. Nach geraumer Zeit kommen sie. Zuerst die Hühner. Und dann wieselschnell: die Ratten. Die Jagd beginnt. Zunächst die der Ratten auf das Futter. Doch dann sehr schnell die von Großvater auf die grauen Fresser. Es kracht. Eine Ratte kugelt zuckend vor den emaillierten, blauen Wassernapf. Dann nochmal. Großvater ist wie vom Jagdfieber befallen. Zwölf Stück erlegt er innerhalb weniger Minuten. Dann graben wir sie schnell ein. Ganz tief schlagen die Gesellen mit dem Pickel ein Loch in den gefrorenen Boden. Es dauert noch Wochen, bis die Plage nachläßt. Man hört, daß andere ein neues Gift streuen. DDT. Es soll gelblich aussehen. Wie Phosphor. Die Amerikaner sollen es mitgebracht haben.

Immer öfter und länger halte ich mich jetzt bei meinen Großeltern im Bäckerhaus auf. Zwischenzeitlich haben sich am Hagen viele Flüchtlinge aus verschiedenen Gebieten angesiedelt. Teils sind sie bei irgendwelchen mitleidsvollen Menschen in Untermiete gezogen oder haben sich in mühsamer Kleinstarbeit selbst ein Häuschen, und wenn es anfangs hauptsächlich aus Holz gewesen ist, errichtet.

Material für eine einfache Hütte liegt kaum herum, da alles Brennbare für Heizen und Kochen verwendet wird. Es qualmt, stinkt und rußt aus allen Kaminen oder auch Ofenrohren, die einfach durch die Wand oder durch ein Fensterglas ins Freie ragen.

Auch bei uns in der Bäckerei geht der Ofen nicht aus. Wenn wir mittags mit dem Verbacken der Mehlzuteilungsmenge fertig sind, kommen die Flüchtlingsfrauen vom Hagen herauf und lassen in unserem Backofen zwischen und auf den Schomottsteinen blechweise Weizenkörner zu Malzkaffee rösten. Manche, die sich etwas dazuverdienen können, bringen auch schon mal einen Mohnkuchen zum Backen, für uns in Niederbayern etwas ganz Neues, vor allem so kurze Zeit nach dem Krieg. Allerdings reichte es in den späteren Jahren auch nur zu Mohnsemmeln oder Mohnhörnchen. Einen Mohnkuchen haben wir für uns niemals gebacken.

Kaum vergessen werde ich in diesem Zusammenhang eine junge, sehr attraktive Frau. Schmittke mit Namen, die, sooft sie unseren Laden betritt, sofort zu weinen beginnt, dann jedoch immer und immer wieder und auch lange von ihrer zerstörten Stadt Dresden zu erzählen anfangen will. Aber nie kommt sie so richtig dazu, da ständig andere Kunden das Geschäft betreten.

Da lädt sie Mutter eines Sonntagnachmittags zu uns in die obere Küche über der Mehlkammer zum Teetrinken ein. Vom Speicher herunter hole ich einige an einem Faden aufgehängte und dabei gedörrte Apfelschalen. Es gibt demnach Apfelschalentee mit braunem, fast flüssig aussehendem Rübenzucker. Die Roggensemmeln dazu werden mit selbstproduziertem, braunem und zähflüssigem Sirup bestrichen. Nach dem Auskochen der Rüben riecht das ganze Haus tagelang unangenehm süßlich.

Die Frau ißt zunächst nichts, nippt ein wenig an ihrer Teetasse mit dem roten Rand – Vater hatte das Service eines Tages aus Prag mitgebracht – und beginnt dann zögernd zu erzählen. Es ist eine Woche nach meinem sechsten Geburtstag. Ich darf mit dabei sein, wenn ich leise bin, hat man mir gesagt. Und ich bin auch ganz still und höre sehr aufmerksam zu, was die Frau zu berichten weiß. Ich kann mich an die Kernaussage von Frau Schmittke deshalb so genau erinnern, weil wir uns, Mutter und ich, diese Geschichte des öfteren wieder gegenseitig erzählt haben.

Zuerst spricht die Frau vom Februar 1945, und zwar vom dreizehnten, einer wahrhaftigen Unglückszahl, wie sie unter Tränen feststellt. Sie ist in der Stadt unterwegs. Am Hauptbahnhof stauen sich Menschenmassen. Soldaten suchen ihre Truppenteile. Flüchtlinge aus dem Osten irren mit Gepäck und Decken umher. Vor einer guten Stunde habe sie noch Flüchtlingstrupps beobachtet, die mit Offizieren in der Prager Straße zu den Prinzeß-Lichtspielen marschierten. Dort sei gerade der Film „Die Frau meiner Träume" gelaufen, und Marika Rökk hätte laut „In der Nacht ist der Mensch nicht gern alleine" gesungen, immer wieder.

Am späten Abend wird dann das Radioprogramm unterbrochen, und der Ansager warnt vor einem Luftangriff auf das Stadtgebiet. Sirenen heulen. Leuchtbomben lassen den Himmel in gleißendem Licht erstrahlen. Schnell in den Keller. Das Licht geht aus. Dunkelheit. Sie schreit, hält es nicht mehr aus, rennt zur Treppe, öffnet die Türe. Der Himmel glüht. Die Häuser brennen. Es ist die Hölle. Es wird langsam Morgen. Schwarze Asche schneit hernieder. Alles voller Rauch, Gestank und Geschrei. Unvorstellbares Chaos und Durcheinander. Es ist ein trauriger Aschermittwoch. Sie will in die Stadt. Bekannte suchen. Aber da sind nur noch Ruinen, Trümmer, Tote. In einem Kastanienbaum hängen Leichen. Sie baumeln im Wind hin und her. Aber das Allerschlimmste, Gemeinste und Unbegreiflichste ist es, daß die Stadt zu diesem Zeitpunkt mit über einer halben Million Flüchtlingen vollgestopft ist. Bereits am Abend des dreizehnten Februar greifen britische und kanadische Bomber an und lösen einen Feuersturm aus. Ein weiterer Angriff zerstört die gesamte historische Innenstadt. Der Asphalt auf den Straßen brennt. Die Zahl der Toten und Schwerverletzten durch Brand- und Sprengbomben ist riesengroß.

Ab da kann Frau Schmittke nicht mehr reden. Sie hebt mich hoch und drückt mich fest gegen ihren Leib. Dann geht sie. Später kommt sie wieder täglich in den Laden und kauft ein. Sie sagt nichts mehr. Sie erzählt nichts mehr. Sie ist sprachlos geworden. Wie so viele damals. Sie möchte vergessen und kann es nicht.

Jahre später kommen noch immer Flüchtlinge vom Hagen, aber diesmal sind es schon ihre Kinder. Sie alle kommen deswegen, weil meine Großmutter damals für das Kaffeerösten und Mohnkuchenbacken nichts verlangt hat. Auch hat sie diesen armen Menschen damals Brot, Semmeln, Knödelbrot und Hefe des öfteren ganz ohne Lebensmittelmarken gegeben. Sie kommen aus Dankbarkeit. Jetzt belohnen sie uns dafür mit ihrer Kundentreue. Auf diese Weise können wir mit unserer kleinen Bäckerei überleben. Jahrelang empfinden wir das Gefühl einer großen wohlverdienten Gerechtigkeit. Etwas ganz Neues und für uns auch Einmaliges nach diesen Jahren des Unheils, des Unfriedens und der Not.

Zigarettenkippe auf weißem Pflaster

*Nach den Erfahrungen der Geschichte und den
Lehren der Bevölkerungswissenschaft hängt
der Bestand eines Volkes wesentlich davon ab,
daß sein Blut rein und gesund erhalten bleibt.
Wenn auch äußere Verhältnisse das Leben
eines Volkes zu beeinflussen vermögen,
die ausschlaggebende Bedeutung wird immer
der Tatsache zukommen, ob ein Volk sich
seine blutgebundene Art zu bewahren versteht.
Denn auf dieser Eigenart eines Volkes beruhen
sein Wesen, seine Kultur, seine Leistungen.
(Aus: Deutsche Juristenzeitung, 1. Dezember 1935, S.
1390 ff., Dr. Frick, Reichsminister des Innern)*

Anfang April 1946, ich befinde mich mit Mutter gerade in der
Küche neben dem Verkaufsraum, steht ein junger Kerl mit Anzug und auffälliger Krawatte vor der Ladentüre. In der linken
Hand hält er eine schwarze Kappe, und im Mundwinkel hängt
eine nicht angezündete Zigarette, auf der er wie an einem
Zahnstocher herumkaut. Mutter erkennt ihn. Es ist Jakob. Des
öfteren hat sie mir schon von dessen Schicksal erzählt.
Schon ab dem Jahr 1934 habe er bei uns in der Bäckerei gelernt. Er sei äußerst willig und zuverlässig gewesen, aber dies
hätte ihm in der damaligen Zeit nicht viel genützt. Er war in
den Augen der Mitmenschen ein Jude. Eigentlich waren seine
Großeltern jüdischer Herkunft, und er war auch nicht israeli-
tischen Glaubens, doch das NS-Regime habe damals plan-
mäßig die bürgerliche Existenz aller Deutschen jüdischer Herkunft zerstört, erklärte mir Mutter. So wurde Jakob in seiner
Zeit als Bäckerlehrling links liegengelassen, ausgelacht, ver-
höhnt und angefeindet. Als dann, erzählt Mutter,1935 das „Gesetz zum Schutz des deutschen Blutes und der deutschen

Ehre" in Kraft getreten sei, war Jakob plötzlich über Nacht, verschwunden, unauffindbar, jahrelang. Bald fragte keiner mehr nach ihm. Die einen sagten, er wäre mit seinen Verwandten geflohen, andere meinten, man hätte ihn verhaftet und eingesperrt, und wieder andere behaupteten, man hätte ihn sicherlich erschossen, zusammen mit seinen Angehörigen. Und nun ist er wieder da, der Verschollene, und steht vor der Ladentüre, der damalige Bäckerlehrling Jakob. Er drückt seine Nase gegen die Auslagenscheibe. Mutter geht hinaus und bittet ihn, einzutreten. Er tut es.

Selbstbewußt betritt er den Verkaufsraum, wirft die Zigarette auf den Boden und zertritt den Stummel genüßlich mit einem seiner lackierten Schuhe auf dem weißen, frisch geputzten Pflaster. Dann lächelt er uns an und verläßt das Haus, ohne sich nochmals umzudrehen. Wir stehen irgendwie hilflos da. Mutter ist blaß geworden. Sie sagt: „Ob er uns etwas antun wird? Ich glaube nicht. Er hat keinen Grund dazu. Meine Eltern haben ihn immer gut behandelt. Wir werden ja sehen."

Ich weiß immer noch nicht, was da eigentlich gespielt wird. Daß es mit Jude-Sein zu tun hat, kapiere ich schon bald. Ich kann das lächelnde Gesicht Jakobs und den sich drehenden Schuh beim Zigarettenkippenaustreten auf dem weißen Fußbodenpflaster die ganze Nacht nicht vergessen. Ich träume sogar davon. Ich stehe deshalb schon sehr früh auf, damit dieses verdammte und quietschende Absatzdrehen aus meinem Gedächtnis verschwinden soll.

Mutter sperrt soeben die Ladentüre auf. Es ist erst sieben Uhr. Da steht er schon wieder vor der Türe und lächelt. Jakob. Ohne Kappe, ohne Zigarette. Er kommt gleich in den Laden und stellt die Blechkiste mit dicken, nahezu schwarzen Zigarren auf das Ladenpult. „Für den Meister, und danke." Sagt es und geht wieder. Diesmal wirft er keine Kippe auf den Boden. Mutter scheint sich auszukennen. „Der weiß schon noch, daß er es gut bei uns gehabt hat", sagt sie zu mir. „Er ist dem Großvater heute noch dankbar, weil er ihn oft vor den Angriffen in Schutz genommen hat. Du wirst sehen, Jakob kommt bald wieder."

Es vergehen keine drei Tage, da ist unser Zigarettenkippenaustreter wieder da. Und von da an kommt er nahezu jeden Tag. Er stört nicht. Er spricht nicht viel. Er sagt auch nicht, wovon er lebt. Er schaut uns beim Arbeiten zu, bleibt aber nie zum Essen. Wohin er dazu geht, in ein Gasthaus oder zu Verwandten, wissen wir auch nicht.

An einem schon sommerlich anmutenden Maientag kommt Jakob in die Backstube und liest uns etwas vor, in spöttischer, schauspielhafter Art. Es handelt sich um eine Regelung, wie man sich bei einem Luftangriff als Zugreisender zu verhalten habe. Das Ganze beeindruckt mich unwahrscheinlich, obwohl ich auch weiß, daß der Krieg schon vorbei ist. Aber Jakob erzählt davon, daß man bei einem Tieffliegerangriff schnellstens und möglichst alleine mindestens dreihundert Meter vom Zug weglaufen muß und sich dann in einer Bodensenkung platt auf die Erde legen soll. Der einzige Bäckerlehrling Joseph, den wir damals haben, unterbricht das Reinigen der Kuchenformen und auch er ist ganz Ohr, wenn Jakob von deutschen und internationalen Artilleriegeschoßen, Brand- und Phosphorbomben, der Handhabung von Panzerfäusten bei Angriffen, Panzerabwehrraketen, Übergabebedingungen von deutschen Städten an die anrückenden Alliierten, von sinnlosen Verteidigungsversuchen und von totalen Zerstörungen vieler deutscher Großstädte erzählt. Wir wissen am Schluß nicht mehr, was er alles sagte und was nun stimmt oder nicht stimmt. Er spricht und spricht und spricht. Trotzdem wirkt er nicht lästig oder aufdringlich, sondern im Grunde genommen immer äußerst unterhaltsam.

Eines Tages kommt Jakob mit schwarzen Schaftstiefeln in die Küche, zieht sie aus, steht mit nackten Füßen vor uns. Er stellt die Stiefel mitten in das Zimmer auf den Fußboden und sagt: „Wer sie sauber putzt, erhält ein Geschenk von mir!" Ich nehme das Paar, gehe in die Burschenkammer, schmiere die Schuhe mit gelbem Maschinenfett ein und poliere sie mit einem dicken Lumpen. Sie glänzen, sie strahlen. Ich bin stolz. Oben stelle ich sie vor Jakob hin und warte, was nun geschehen wird.

Jakob geht hinunter in den Hof, wo sein Rucksack im Hühnerstall aufgehängt ist. Dann kommt er zurück, hält mir ein großes Stück Butter vor die Nase und sagt, ich dürfe nun abbeißen, soviel ich könne. Ich reiße meinen Mund derart weit auf, daß die Kiefer schmerzen, und beiße in das Fett. Mit vollen Backen laufe ich hinunter in den Laden, wickle das Stück Butter in Hefepapier, renne wieder nach oben und lege das Päckchen in den Eisschrank. Dieser ist noch kalt, weil ich erst gestern mit dem Bäckerrad eine Stange Eis aus der Dietl-Brauerei geholt, mit Hilfe des Lehrbuben zerschlagen und in den Eisbehälter des Kühlgerätes geworfen habe.

Ich freue mich, denn Butter ist eine riesige Seltenheit, sogar für uns, die wir in einer Bäckerei leben. Abends dann lade ich auch den Gesellen Berthold zu Breze mit Butter ein. Dazu Malzkaffee. Ein Hochgenuß! Am liebsten hätte ich Jakobs Stiefel jeden Tag frisch gewichst, aber anscheinend reichte dies für ihn einmal pro Woche. Schade. So vergeht Tag für Tag, und Jakob ist schon fast ein Familienangehöriger geworden. Er gehört zu uns, lacht, schimpft, spielt und feiert mit uns, ist eingeladen, ist unser Gast. Vielleicht schon mehr als das. Vielleicht unser Freund.

An einem Samstag bekommt Joseph, der Lehrbub, Besuch von seinem Vater. Er ist mit einem Krämer in der Nähe von Steinburg auf einem Pferdefuhrwerk in die Stadt gekommen und ist zum ersten Male bei uns. Mutter zeigt ihm die Backstube, das Backhaus, die Mehlkammer und den Speicheraufzug. Ich laufe immer hinterher, schon der Neugierde wegen.

Als wir dann in die Küche kommen, steht plötzlich Jakob vor uns. Josephs Vater und Jakob scheinen sich zu kennen. Mißtrauisch beäugen sie sich. Dann sehen sie mich an. Die Anwesenheit eines Kindes läßt sie anscheinend Zurückhaltung üben. Allerdings kann dies den Jakob nicht davon abhalten, dam anderen, der eben einen Zettel aus seiner Hosentasche holt und etwas sagen möchte, mit der Faust ins Gesicht zu schlagen. Dann duckt sich Jakob und rennt schnell die Treppe hinab. Ehe der Geschlagene reagieren kann, ist Jakob bereits über die Straße gelaufen und verschwunden. Es vergehen Tage, Wochen, Monate. Jeden Tag beim Ladenöffnen hoffen wir, daß Jakob wieder vor der Türe steht. Aber es steht niemand mehr dort. Er kommt nicht mehr. Bis heute weiß ich nicht, was da eigentlich gespielt wurde. In Erfahrung haben wir die Wahrheit nie mehr gebracht. Ob er wohl noch auf dieser Erde sein wird, unser seltsamer Freund, der Zigarettenkippenaustreter?

In eine Zeltbahn gewickelt

Alles hat seine Stunde, und eine Zeit
ist bestimmt für jedes Vorhaben unter
dem Himmel: Eine Zeit fürs Geborenwerden
und eine Zeit fürs Sterben; eine Zeit fürs
Pflanzen und eine Zeit, das Gepflanzte
auszureißen. Eine Zeit zu töten, und eine
Zeit zu heilen; eine Zeit einzureißen, und eine
Zeit aufzubauen. Eine Zeit zu weinen, und
eine Zeit zu lachen; eine Zeit zu klagen,
und eine Zeit zu tanzen.
(Das Buch Prediger; Kohelet oder Ecclesiastes;
Erster Teil; 2. Der Tod: 1- 4)

Eines Tages trifft eine Postkarte aus Rußland ein, versehen mit
dem Symbol des Roten Halbmondes, aufgegeben und datiert
am 8. Juli 1946. Der Text lautet:

„Meine innigstgeliebte Agnes, Kinder und Eltern! Nach langer
Zeit komme ich dazu, Euch zu schreiben. In Liebe und Sehnsucht denke ich immer an Euch alle. Mir geht es gut, und ich
bin gesund. Den Glauben an Dich, geliebte Frau, habe ich nie
verloren, und ich werde für Dich aus- und durchhalten.
Schreibe auch mir bald, wie es Dir und allen geht. Sei Du sowie die Kinder tausendmal gegrüßt und unendliche Male
geküßt von Deinem Ulrich."

Mutter schreibt sofort zurück, aber ihr Brief kommt viel später, erst Anfang November 1946, in einem kleinen Waldarbeiterlager im Ural an. Es folgen dann noch weitere Karten aus
Sibirien:

„10. August 1946: Meine heißgeliebte Frau, heute habe ich
wiederum die Gelegenheit, Dir zu schreiben. Hoffentlich hast
Du die erste Karte von mir erhalten. Mir geht es gesundheit-
lich gut, was ich auch von Dir, von den lieben Kindern und

den Eltern hoffe. Wie bereits erwähnt, wäre mir ein Lebenszeichen von Dir am liebsten, denn viele Kameraden haben Post von der Heimat, nur ich nicht. Tausend liebe Grüße und Küsse an Dich und die Kinder von Deinem Dich immer liebenden Ulrich."

„23. September 1946: Meine innigstgeliebte Frau: Heute komme ich zum dritten Mal dazu, Dir zu schreiben. Leider habe ich von Dir noch keine Post, weiß also bis heute noch nicht, wie es Dir, den Kindern und den Eltern geht. Mir geht es gut, was ich auch von Euch annehme. In der Hoffnung, daß ich bald ein Lebenszeichen von Dir bekomme, sei tausendmal gegrüßt und geküßt von Deinem Dich immer liebenden Ulrich."

„28. Oktober 1946: Innigstgeliebte Frau, Kinder und Eltern! Heute schreibe ich an Euch schon das vierte Mal, ohne Antwort bekommen zu haben. Hoffentlich erhalte ich bald Nachricht, denn ich möchte doch nach so langer Zeit endlich einmal wissen, was eigentlich los ist. Seid unterdessen vielmals gegrüßt und geküßt von Eurem Ulrich. Briefe schreiben ist erlaubt!"

„10. November 1946: Meine innigstgeliebte Frau! Ich bin überglücklich, daß ich endlich von Dir ein Lebenszeichen bekam. Vielen, vielen Dank für Deinen so lieben und herzlichen Brief und das wunderbare Photo von Dir und den drei Kindern. Natürlich kannst du Dir kaum vorstellen, wie groß meine Freude ist, daß zu Hause alles in Ordnung ist. Du und auch die Kinder sehen sehr gut aus. Leider kann ich auf Deinen Brief nicht so ausführlich antworten, da ja der Platz fehlt. Hoffentlich kommt von Dir bald wieder ein so großer Brief. Zu Weihnachten und Neujahr wünsche ich Dir, den Kindern und allen alles Gute und Gesundheit. Sei unterdessen tausendmal gegrüßt und unendlich Mal geküßt von Deinem Dich liebenden Ulrich."

„Rußland, den 1. Januar 1947: Heißgeliebte Agnes und liebe Frau, heißgeliebte Kinder und Eltern! Zum neuen Jahr die allerbesten Glückwünsche und vor allem Gesundheit. Hoffentlich seid Ihr alle glücklich ins neue Jahr gerutscht, was ich auch von mir sagen kann. Weihnachten habt Ihr hoffentlich ebenfalls gut verbracht, vor allem, daß die Kinder etwas zum Geschenk bekommen haben. Die Weihnachtspost wird sicher nachkommen. Das neue Jahr wird für uns die Erlösung bringen. Tag und Nacht denke ich an Euch alle und bete zum Herrgott für uns, daß er uns bald zusammenbringt. Meine Liebe zu Dir, geliebte Agnes, und zu den Kindern bestärkt mich in dem Glauben, daß wir bald wieder zusammenkommen und glücklich in Frieden leben können. Alle glauben, daß wir dieses Jahr entlassen werden und nach Hause fahren dürfen. Halte fest im Glauben, und der Herrgott führt uns in die Heimat zurück. Christians Geburtstag feiert still und ruhig. Ich wünsche ihm alles Gute und Gesundheit. Daß er gut lernt und fleißig ist, erfreut mich tagtäglich. Die anderen beiden sind sicherlich auch gesund und werden der Mutter neben Arbeit auch viel Freude bereiten. Dein liebes Bild liegt mir dauernd vor Augen. Seid nun tausendmal gegrüßt und geküßt von Eurem Euch liebenden Ulrich."

48 Tage nach dem Schreiben dieser Karte ist mein Vater, wie an anderer Stelle schon berichtet, in einem Kriegsgefangenenlager im Mittelural gestorben. Mutter erfuhr dies erst durch den Brief des Heimkehrers am 1. Januar 1948.

Offensichtlich fühlt sich Mutter nicht gleich in der Lage, an ihre Berliner Schwägerin Ruth, die lange Zeit während des Krieges bei uns in Straubing weilte und für Mutter eine starke Bezugsperson darstellte, zu schreiben. So muß dies also ihre Mutter, die Bäckermeistersgattin Hildegard Bogner, in die Hand nehmen. Sie schreibt noch am gleichen Tag, also am 1. Januar 1948:

„Meine liebe Ruth! Mit Schmerz und Sorge erfüllt muß ich Dir in großem Leid mitteilen: Unser lieber Ulrich ist nicht mehr. Heute bekam Agnes die Mitteilung, daß er gestorben ist. Ein heimgekehrter Krieger schrieb ihr vor wenigen Tagen, ob sie über das Schicksal ihres Mannes schon Nachricht hätte. Heute traf der zweite Brief ein. Den Schrecken und das Leid von uns allen kannst Du Dir kaum vorstellen, denn an so etwas hatte man nicht gedacht. Agnes brach zusammen, der Arzt mußte kommen. Die Kinder schauen halt so darein, sie verstehen ja noch nicht. Christian fragt halt immer wieder: Gell, Mutti, Du stirbst nicht?

Liebe Ruth, sind wir denn ganz von Gott verlassen? Zuerst war ich so krank, auf Spitz und Knopf, und jetzt dieses große Unglück, nicht zum Fassen. In den alten Tagen nimmt man so etwas hart hin. Wenn Agnes fähig ist zum Schreiben, wird sie es selber machen. Tag und Nacht können wir keine Ruhe finden. Auch Vater geht es sehr zu Herzen. Deine Hildegard."

Am 7. Januar 1948 ist Mutter dann so weit, daß auch sie noch einen Brief an Ruth sendet:

„Meine liebe Ruth! Ich kann es immer noch nicht fassen, daß es wahr sein sollte, daß mein Ulrich, mein Liebstes, mein Bestes, nicht mehr zu mir heimkommen kann. Warum dieser wunderbare Mensch so fern von uns, nach so vielen leidvollen Tagen, auch noch sterben muß, wird mir für immer ein Rätsel bleiben. Ich habe Dir ja oft erzählt, welch große, übergroße Liebe wir beide zueinander hatten, und wie glücklich und hoffnungsvoll schrieb mir Ulrich noch am 1. Januar 1947! Es war seine letzte Karte, sechs Wochen später war er tot.

Ich glaube oft, nicht mehr weiterleben zu können. Tag und Nacht denke ich an unsere glücklich verlebten Tage und Stunden, ich weiß um seine übergroße Sehnsucht, wieder zu mir zu kommen. Warum soll ich da noch weiterleben? Die Kinder wissen nichts mehr von ihrem Vater, zur Zeit sind sie für mich kaum da. Ich sehe nur noch meinen Mann und zweifle an jeder Gerechtigkeit. Solange ich Ulrich kannte, war ich ihm keine Sekunde untreu. Auch weiß ich, daß sich Ulrich immer nur um Frau und Kinder sorgte und bangte. Warum man solche Menschen straft? Ich könnte nur schreien und weinen, und doch hilft alles nichts.

Daß überhaupt mein Herz das überstanden hat? Ich hatte wohl sehr schwere Herzkrämpfe, doch der Arzt spritzte mich, und so konnte ich nicht sterben, es wäre doch das Schönste für mich gewesen. Nun bin ich wieder so müde, daß ich kaum denken kann. Ich könnte nur immer rufen: Warum, warum? Sei für heute Du und Dein lieber Mann gegrüßt von Deiner Agnes."

Drei Tage später trifft ein Brief von Ruth aus Berlin ein:

„Meine liebe Agnes, unfaßbar ist die furchtbare Nachricht, daß unser Ulrich, Dein von Dir so innig geliebter Mann, nicht mehr unter den Lebenden weilen soll. Hart spielt Dir das Schicksal mit, und das Leid ist nicht zu ermessen, das mit dem Tode Deines Mannes nun über Dich und die Kinderchen gekommen ist. Ich bin so tieftraurig und so fassungslos, denn daran hätte ich nie, nie gedacht. Täglich habe ich auf die glückliche Nachricht seiner Rückkehr gehofft und gewartet. Ich fühle so von ganzem Herzen mit Dir und und weiß, wie Du aufs tiefste getroffen und verwundet bist.

Ich weiß auch, wieviel Hoffnungen und Wünsche mit Ulrich zu Grabe getragen werden. Du mußt nun Dein Herz ganz fest in beide Hände nehmen und tapfer den Lebenskampf aufnehmen, Deiner lieben Kinder willen. Jedes Wort des Trostes wird Dir jetzt banal erscheinen, denn mit der unendlichen Sehnsucht im Herzen mußt Du ganz alleine fertig werden.

Wenn es die Verhältnisse erlauben würden, hätte ich mich sofort und die Bahn gesetzt und wäre zu Dir geeilt. Aber diese unglücklichen Zustände innerhalb Deutschlands machen dies unmöglich. Sollte es mir gelingen, im Laufe des Sommers einen Paß zu bekommen, so wird mein erster Weg zu Dir sein. Nun gebe Gott Dir die Kraft, den unersetzlichen Verlust zu überwinden. Er möge Dich behüten und beschützen, damit Du gesund und tapfer bleibst, um Deinen Kindern alles zu sein. Ich drücke Dich ganz fest an mein Herz und küsse Dich und die Kinderchen. Immer Deine getreue Ruth."

Am 21. Januar 1948 erwidert Mutter dieses Schreiben:

„Meine liebe Ruth! Für Deine lieben Trostesworte danke ich Dir von ganzem Herzen. Ich kann es immer noch nicht fassen, daß mein über alles geliebter Ulrich nie mehr zu mir kommen sollte. Er hatte doch so fest gehofft! Ich war vor einigen Tagen in München, wo ich mich mit diesem Heimkehrer zusammenbestellt hatte. Herr Putz, vierzig Jahre alt, ein feiner Mensch, war Ulrichs bester Kamerad in dieser schweren Gefangenschaft. Das Lager war mitten im Urwald im Mittelural, Westsibirien bei Swerdlowsk.

Zwei Mann mußten täglich sechseinhalb Kubikmeter Holz sägen, zuerst natürlich die Bäume fällen, dann bekamen sie abends 600 Gramm Brot. Erreichten sie dieses Pensum nicht, bekamen sie nur 400 Gramm. Morgens gab es Wassersuppe, drei Viertel Liter, mittags ebenfalls Wassersuppe und ein Viertel Liter Brei, täglich einen Eßlöffel Zucker. So sehr abgemagert, müde und matt, hielt sich Ulrich so wunderbar aufrecht und tapfer, nur mit der Hoffnung und der großen Zuversicht im Herzen, bald nach Hause zu können. Er hatte schon Wasser, geschwollene Beine. Mein Bild mit den Kindern hatte er in ein selbstgeschnitztes Birkenrähmchen gesteckt und über sein Schlaflager gehängt. Er wollte Bäcker werden und hatte Herrn Putz schon eingeladen, ihn dann und wann zu besuchen. Sie redeten stundenlang über gute Bücher und Briefmarken. Zu allem anderen waren sie zu müde.

Am 13. Februar fror Ulrich und meldete sich zum Arzt. Dieser verordnete Bettruhe. Ulrich hatte schon 39 Grad Fieber. Zwei Tage lag er im Revier. Durch Zufall schwoll das Knie von Herrn Putz an, und so kam auch sein Kamerad neben ihm zu liegen. Am vierten Tage bekam Ulrich sehr hohes Fieber. Der Arzt stellte Lungenentzündung fest und gab ihm Spritzen. Ulrich phantasierte dauernd, Herr Putz verstand kein Wort.

Am fünften Tage, am 18. Februar, war Ulrich morgens etwas ruhiger, der Arzt war überzeugt, daß keine Gefahr mehr bestehe. Mittags aß Ulrich seine Wassersuppe, und nun hielten er und sein Kamerad ihre Mittagsschläfchen. Kurz vor halb drei erwachte Putz und sah Ulrich sehr unruhig und stoßweise atmen, rief schnell den Arzt, der dann sofort kam und eine Spritze holen wollte. Inzwischen bäumte sich Ulrich auf, drehte den Oberkörper etwas zur Seite, stöhnte „ja, ja, ja" und legte sich wieder hin.

Als der Arzt dann kam, war Ulrich verschieden. Das schwache Herz, schwach vor Unterernährung, hat die Krankheit nicht überstanden. Die Kameraden konnten es alle nicht fassen. Kein Mensch, am wenigsten Ulrich, dachte ans Sterben.

Der 18. Februar 1947 war Faschingsdienstag. Am Aschermittwoch lag Ulrich, in eine Zeltbahn gewickelt, in einem Vorraum und wurde am 20. Februar in einem kleinen, selbstangelegten, birkenumzäunten Lagerfriedhof beerdigt. Als Vierzehnter liegt er nun unter einem kleinen Birkenkreuz in fremder Erde, unendlich weit weg von seiner Heimat, von seinen Lieben entfernt. Niemals werde ich es fassen können, warum man gerade glückliche, liebende, treue Menschen auseinanderreißt.

Organisch war Ulrich vollkommen gesund, Zähne in Ordnung, jung und stramm. Wie schnell hätte er sich bei mir wieder erholt! Leider war es ihm nicht vergönnt. Wofür ich jetzt noch weiterleben soll, ist mir ein Rätsel. Könnte ich doch mit meinen drei Kindern sterben. Warum die Kinder erziehen, arbeiten, sorgen, für wen, für welche Zukunft? Für mich ist alles sinnlos und zwecklos. Für mich und für uns wäre doch das Leben erst angegangen.

Und Ulrich war so lebenslustig! Und ich ebenso! Drei Jahre lang hoffte ich auf ihn, wartete auf seine Liebe, seine Zärtlichkeiten, die mir so sehr abgingen, ohne die ich oft glaubte, nicht leben zu können. Und jetzt nie mehr, nie mehr! Ich bin erst 35 Jahre, drei Jahre allein, gesund, voller Sehnsucht nach meinem geliebten Mann, der Erfüllung so nahe. Kannst Du verstehen, daß in mir alles so schmerzerfüllt ist, daß mir alles so unsagbar weh tut, daß ich so vollkommen verzweifelt bin? Und niemand gibt mir Antwort auf mein „Warum"! Wie sind viele andere Frauen so schlecht, und die haben Glück. Deren Männer kommen heim!

Warum siegt nur das Schlechte? Läge ich doch bei Ulrich unter der Erde, hätte er mich doch mitgenommen! Ulrich nannte unsere Liebe „überirdisch", unsere Ehe „heilig", und so etwas kann nicht bestehen? Wir waren nicht „zwei" in unserer Ehe, wir waren nur „eins". Und bestimmt hat Ulrich ein Stück meines Herzens mit sich genommen. Wie kann ich mit einem Teil noch weiterleben?

Ruth, wärst Du bei mir! Leider geht es nicht, das weiß ich. Wer Ulrich kannte, ist erschüttert. Die Teilnahme ist sehr, sehr groß. Doch für mich ist dies alles kein Trost. Mein Herz blutet und leidet. Und was wird noch alles kommen? Tausend Grüße und Küsse, Deine Agnes."

Am 24. Januar 1948 trifft ein Brief von Ruths Mann, der Pfarrer ist, in Straubing ein:

„Meine liebe Frau Raab! Ich las eben wieder Ihren an meine Frau gerichteten Brief, aus dem der ganze Schmerz um den Verlust spricht, den Sie erleiden mußten. Ich verstehe völlig, daß die Frage des „Warum" Ihr Denken beherrscht und daß gerade diese Frage es ist, die Sie sich immer wieder stellen möchten.

Wir Menschen wollen ja gar zu gern gerade dann, wenn wir unser Liebstes auf der Welt verlieren, fragen, warum es nun gerade uns treffen muß, warum gerade uns ein Mensch genommen wird, wo doch so viele Menschen miteinander leben, die sich nicht so gut verstehen und lieben. In solchem Sinn umgeben uns überall auf der Welt Rätsel. Aber liegt eben nicht erst recht in der Rätselhaftigkeit die Wahrheit, Wirklichkeit und Größe Gottes?

Verstehen wir als Kinder immer die Güte und die Liebe unserer Eltern zu uns, wenn sie uns vielleicht manches Mal weh tun, und wir auch die Frage stellen möchten, warum sie das uns, gerade uns tun? Eine Liebe zeigt sich ja nicht nur da, wo jeweils unser Wille erfüllt wird.

Sie zweifeln an der Gerechtigkeit? Sie zweifeln an Gott? Gewiß, ich verstehe Sie auch darin! Ja, ich möchte sogar sagen: Sie hätten Ihren Lebensgefährten wohl gar nicht recht geliebt, wenn Sie diese Zweifel nicht in sich trügen. Aber lassen Sie diese Zweifel nicht immer Herr über Sie werden. Heute werden Sie sagen: Ach, wenn er doch alles überstehen durfte, warum durfte er dann nicht auch wieder zu uns zurückkehren?

Haben Sie an die vielen gedacht, denen es vergönnt war zurückzukehren und die, kaum zurück, dann doch in der Heimat ihr Leben geben mußten? Zu früh kommt der Tod zu uns Menschen immer. Die Bestimmung der Todesstunde steht und darf nicht stehen in unserer Hand. Und so dürfen Sie nicht einfach verzweifeln! Sie haben das Vermächtnis Ihres Mannes in Ihnen und seinen Kindern, denen seine Gedanken gelten, für die er so gerne mit Ihnen gesorgt hätte. So ist es nun Ihre Aufgabe, allein und für Ihre Kinder das zu tun, was Sie sonst gemeinsam getan hätten.

Wird es nicht schön für Sie sein zu wissen , daß Sie damit den Willen Ihres Mannes erfüllen, wenn Sie für die Kinder leben? Gerne möchte ich Sie auch an das Wort erinnern, daß der Herr die lieb hat, die er züchtigt. Ich bete, daß Ihnen Kraft wird für Ihr weiteres Leben und Ihre Kinder. Darum: Ob wir leben oder ob wir sterben, so sind wir stets des Herrn. Recht liebe Grüße, auch von Ruth."

Am 27. August 1948 kommt dann über das Rote Kreuz ein weiterer Kameradenbericht, in welchem der Tod Ulrichs nochmal bestätigt wird:

„Ich befand mich vom Juni 1946 bis zum Juni 1948 im Lager 7523/2 in Sartanien bei Alabeisk im Ural und erkläre hiermit, daß mein Kamerad Ulrich Raab ein ehemaliger Dienstgrad des Arbeitsdienstes war und mehrfach Post von seiner Frau bekommen hatte. Seine Haarfarbe war rötlich, die Größe 170 cm oder mehr. Als Todesursache gebe ich an: Wassersucht und Herzschwäche. Gez. Otto Nerl, Arnstorf, Kreis Eggenfelden."

An diesem Tag hat sich unsere Mutter dann nach reiflicher Überlegung endgültig entschieden, mit uns drei Kindern aus der Wohnung in der Flurlgasse in das Bäckerhaus ihrer Eltern Hildegard und Johannes Bogner in der Spitalgasse zu ziehen.

Hund mit violetter Zunge

Eine weitere Milderung des Umgangsverbotes
für amerikanische und britische Soldaten
in Deutschland wurde am Samstag amtlich aus
den Hauptquartieren des Generals Eisenhower und
des Feldmarschalls Montgomery mitgeteilt.
Bisher war es amerikanischen und brittischen
Soldaten nur erlaubt, zu deutschen Kindern zu
sprechen. Jetzt dürfen sie sich auch mit
deutschen Erwachsenen unterhalten.
(Aus: Neuer Hannoverscher Kurier Nr. 9
vom 17. Juli 1945)

Alle sagen es. Margerete ist total verrückt. Sie ist völlig übergeschnappt. Das wird sie bald bitter büßen müssen. Alle wundern sich, daß sie sich das überhaupt traut. Ihr Mann ist immer noch nicht vom Krieg nach Hause gekommen, jetzt im Oktober 1947, aber das Amt will ihn noch nicht als vermißt gelten lassen. Was ihr, der verheirateten, kinderlosen Margarete so stark angekreidet wird, ist der Umstand, daß sie einen festen Freund hat. Einen Amerikaner. Einen Farbigen.

Oft kann ich vom Wohnzimmerfenster aus beobachten, wenn er kommt. Meistens gegen Abend. Sie wohnt im Haus nebenan im zweiten Stock. Im Parterre haben die Müllers ihren Laden. Sie verkaufen Sämereien aller Art. Vor der Ladentüre hockt den ganzen Tag über ein rötlicher Hund mit einer violetten Zunge. Wir Kinder streicheln ihn jedesmal, wenn wir daran vorbeigehen. Und wir gehen oft daran vorbei.

Oben am Küchenfenster habe ich mir eine Art Sommerresidenz eingerichtet. Ich hocke hinter einem geblümten Vorhang in einem Korbsessel und habe ein großes Radiogerät mit einer hellen Gebißtastatur vor mir stehen. Auf dem Suchlauf probiere ich, ob es mir auch schon vormittags gelingt, Sender wie

Hilversum, Limoges, Riga, Alpenland, Vatikan, Liverpool, Monte Ceneri oder gar Nizza zu empfangen. Überall höre ich allerdings nur ein weit entferntes Gemurmel mehrerer Stimmen gleichzeitig oder ein ganz helles Rauschen mit Morsezeichen dazwischen. Dann drücke ich meist auf den elfenbeinernen Knopf, und das grüne Radioauge erlischt so langsam, als würde ein Komet im Weltall verschwinden.

Nun schaue ich wieder über das lange Blechdach und kann im Speicher des Hauses nebenan, wenn die Türe offensteht, Steckzwiebeln liegen sehen, die den Müllers gehören. Und wenn ich Glück habe, sehe ich auch Margarete mit ihrem Freund im Speichereck schmusen.

Einmal habe ich beobachtet, wie er Seidenstrümpfe aus seiner Sakkotasche zieht und ihr schenkt. Sie probiert sie gleich an Ort und Stelle an, und ich sehe ihr schwarzes Strapsleibchen. Als sie die Nylons anhat, drückt er Margarete sehr langsam an sich, und sie lacht dabei immer ganz hell. Manchmal schnurrt sie auch, wie eine Katze. Nur lauter.

Eines Tages schlüpfen sie wie zwei Kaninchen vom Speicher heraus auf das Dach und kauern sich auf das von der Sonne erhitzte, heiße Blech, ganz dicht und eng nebeneinander. Ihre Seidenkleidschulter und seine Uniformschulter berühren sich. Da zieht er abrupt ihren Kopf zu sich her und flüstert ihr etwas ins Ohr. Sie ruft: „Oh John!"

Ich bringe nie heraus, ob er auch wirklich so heißt, sooft ich auch Erika, die jüngste Schwester von Margarete, frage. Da sie ganz nahe bei mir sitzen, sehe ich Johns tiefbraunes Gesicht, seine kleingelockten Haare, seinen haarnadeldünnen Oberlippenbart und seine fleischigen, prallen Lippen, die Margarete so gerne und so oft küßt, auch mitten auf der Straße und vor allen Menschen. Und wenn er seiner Freundin über den Kopf streichelt, fallen mir seine im Vergleich zu seiner übrigen Körperhaut viel zu hellen Handflächen auf. Er lacht viel und laut, und immer wieder ruft sie: „ Oh John!" Und dann lachen sie wieder, herzlich und fröhlich. Direkt ansteckend. So richtig herzhaft wie Margarete habe ich meine Mutter eigentlich selten lachen hören.

An einem Oktobersonntag, in Müllers Speicher liegen quadratmeterweise geschnittene Pilzscheiben zum Trocknen auf Zeitungspapier auf dem Bretterboden, sitzen die beiden wieder auf dem Blechdach und freuen sich über die noch wärmende Herbstsonne. Zwei Tassen Kaffee stehen ohne Unterteller vor ihnen. Wieder beobachte ich das seltsame Paar durch das vergitterte Küchenfenster. John entdeckt mich, sieht mich an, sagt etwas zu ihr, erhebt sich, gibt mir mit seiner Hand ein Zeichen, daß ich zu ihnen kommen soll. Durch das Wohnzimmer laufe ich in das Schlafzimmer meiner Mutter und klettere von dort aus dem Fenster auf das Blechdach.

Zwischenzeitlich war John im düsteren Speicher verschwunden und kommt nun mit einer graubraunen Tüte zurück. Magarete hält nun mich umschlungen und drückt mich an sich. Ich kann sie sehr gut leiden. Sie ist am ganzen Leib so heiß und weich. Sie riecht auch sehr gut nach Parfüm, ich glaube, irgendwie nach Maiglöckchen.

John kommt auf uns zu. Er schüttet den Inhalt der Tüte auf das glänzende Blech. Die kullernden Äpfel kenne ich, auch die Schokolade im rotweißen Papier, das mich an die Täfelchen der Schulspeisung erninnert. Eine dunkelgelbe Frucht jedoch ist mir fremd. Ich betrachete das kugelrunde Gewächs und beiße herzhaft hinein. Margarete läßt mich los und lacht wieder sehr laut. Fast unhöflich. Ich habe eine Orange samt Schale angebissen. Eigentlich müßte ich jetzt heulen, weil mich John offensichtlich auslacht. Aber ich lache mit. Das ist die einzige Möglichkeit, mein Gesicht zu wahren. Ich bin gerettet. John entfernt nun mit einem Messer die Schale der Orange, Stück für Stück, ganz bedächtig, als müßte ich zusehen, um zu erlernen, wie man es zu machen hat. Dann schlinge ich alles durcheinander in mich hinein, die Äpfel, die Schokoriegel und das Orangenfleisch.

Mir wird übel. Sehr übel. Durch das Schlafzimmerfenster steige ich wieder in die Wohnung zurück. Ich übergebe mich ins Waschbecken im Klo. Immer wieder, bis der Magen leer zu sein scheint. Just in diesem unangenehmen Augenblick kommt Mutter zurück. Von der Tauschzentrale. Ein Pfund Gänseflaum gegen eine, wie Mutter annahm, hirschlederne Reiterunterhose. Hell und weich. Der Schneider soll mir eine richtige Lederhose daraus anfertigen. Mit Trägern und Phosphoredelweiß.

Aber im Augenblick ist Mutter sehr verängstigt. Wegen meiner Spuckerei. Ich soll doch von Fremden nichts annehmen. Vor allem nichts Eßbares. Aber auch schon gar nicht von einem Ami, einem Neger. Sie wirft das eingetauschte Leder in die Ecke neben der Kohlenkiste, als ob es Abfall wäre. Sie tut dies aussschließlich wegen meiner Verfehlung. Es ist auch wegen Margarete. Mutter haßt sie, weil diese einen Geliebten hat. Und sie, Mutter, hat drei Kinder. Sehnt vielleicht auch sie sich nach einem Liebhaber nach all den langen Jahren, in denen sich ihr Mann in russischer Kriegsgefangenschaft befindet?

Ich habe dies nie geglaubt, weil sie immer davon sprach, daß ihr Ulrich endlich zu uns allen heimkehren möge. Mehr will sie anscheinend wirklich nicht. Aber diese andere, diese Margarete, ohne Kinder, treibt es mit einem Farbigen. Ist Mutter etwa doch neidisch? Vergönnt sie der anderen die Freude nicht? Wünscht sie ihr gar Böses?

Fast sieht es nachträglich so aus, denn am ersten Adventssonntag geschieht in der Flurlgasse etwas Schreckliches, vor allem für uns Kinder: Bei klirrender Kälte steht im zweiten Stock des Nachbarhauses das Fenster angelweit offen und Margarete, nur mit einem dünnen Nachthemd bekleidet, beugt sich über die Brüstung und schreit aus Leibeskräften, schrill, hoch, furchterregend. Einfach so. Sie schreit. Sie ist tatsächlich übergeschnappt, sie ist nun wirklich verrückt geworden. Mindestens eine halbe Stunde, mit kurzzeitigen Unterbrechungen, dauert diese Schreierei.

Nachmittags wird Margarete abgeholt. Von Sanitätern der Heil- und Pflegeanstalt. Was sie dort mit ihr wohl anstellen werden? Die Leute munkeln und streuen Gerüchte aus, kaum daß sie für ein paar Stunden weg ist. Es war doch so, daß psychisch Kranke noch vor wenigen Jahren in manchen Anstalten zu Tode gespritzt wurden. Wird das mit Margarete auch geschehen?

Mutter verneint dies immer wieder energisch. Nein, so ihre Meinung, heute passiert dies auf keinen Fall mehr. Freilich habe man Krankes und Minderwertiges ausgemerzt, damals, unter Hitler, aber Margarete könne ja wieder gesund werden, und dann hätte man doch einen unverzeihlichen Fehler begangen. In vielen Fällen sei dies auch früher ganz verkehrt gewesen.

Mit der Zeit war der ganze Vorfall nicht mehr so wichtig, man vergaß ihn sehr schnell. Das harte Leben, teils Überleben, ging weiter. Später, wir waren schon längst in die Bäckerei meiner Großeltern umgezogen, erfuhren wir, daß Margaretes Mann erst sehr spät, im Herbst 1955, heimgekehrt ist. Alle sagen, er habe dies Adenauer zu verdanken, der sich noch einmal kräftig und nachdrücklich für die deutschen Kriegsgefangenen in Rußland eingesetzt habe.

Margaretes Mann sei aber kein Kind von Traurigkeit gewesen und habe gleich eine andere gehabt, erzählt mir Mutter eines Tages. Nur sie, sagt sie immer wieder, habe keinen anderen und wolle auch einen solchen nicht. Sie würde immer nur auf ihren Ulrich warten. Bis in alle Ewigkeit.

Und obwohl Mutter ab dem Neujahrstag 1948 wußte, daß Ulrich in Gefangenschaft gestorben ist, glaubte sie nie an seinen Tod. Vielleicht haben sich die von seinem Sterben berichtenden Kriegskameraden geirrt? Vielleicht haben sie Ulrich mit einem anderen Toten verwechselt?

Dann müßte ja Ulrich eigentlich mit großer Wahrscheinlichkeit noch am Leben sein, oder? Sicherlich wartet er auf einen günstigen Zeitpunkt, um die Flucht aus dem Waldarbeiterlager zu ergreifen, ist vielleicht schon flüchtend unterwegs, hat sicherlich ein unauffindbares Versteck entdeckt, steht vielleicht schon morgen vor unserer Türe, vielleicht, vielleicht.

Diese für sie und uns Kinder überlebenswichtige Hoffnung hat Mutter nie aufgegeben. Niemals. Sie hat sich von Jahr zu Jahr immer energischer dagegen gewehrt, daß man ihr diesen Rest Hoffnung auch noch stiehlt. Sie hat ihr Recht auf Hoffnung immer wieder verteidigt. Ein ganzes Leben lang.

Ohne Abschied über Nacht

Fürwahr, er trug unsre Krankheit
und lud auf sich unsre Schmerzen.
Er ist um unsrer Missetat willen
verwundet und um unsrer Sünde
willen zerschlagen. Die Strafe liegt
auf ihm, auf daß wir Frieden hätten,
und durch seine Wunden sind wir geheilt.

(Jesaja 53, 4.5)

Mai 1948. Bäume und Büsche strotzen vor Blättern und Blüten. Wir laufen schon barfuß. Am Hagen ist wieder ein neuer
Flüchtlingsschub eingetroffen. Wir wissen das deshalb, weil
auch diese Menschen bei uns Brot kaufen, ihre Kuchen
backen und ihren Malzkaffe rösten lassen.
Eine weißhaarige Frau, eigentlich noch nicht sehr alt, kommt
fast täglich in unser Geschäft und verlangt nach Großmutter.
Anscheinend wird sie mit einem Problem nicht fertig, weil sie
immer wieder dieselbe Geschichte erzählt, auch wenn ich da-
beistehe und aufmerksam lausche. Sie erzählt von einem Dorf,
von ihrem Heimatdorf, einem Bergarbeiterdorf, das zerstört
worden sei. Sie spricht leise, nahezu flüsternd, aber übertrie-
ben deutlich. Wie eine gelernte Schauspielerin, meint
Großmutter.
Die Frau beschreibt mit einer bestechenden Akkuratesse und
Detailliertheit rauchende Trümmer, total zerstörte Häuser,
übereinandergestapelte Leichen. Es sei eine flammende Hölle
gewesen. Alle erwachsenen Männer, aber auch schon Knaben
über fünfzehn Jahren, seien erschossen worden. Ebenso ihr
Mann und einer ihrer Söhne. Von der SS. Auf Befehl Hitlers.
Viele mußten ins Konzentrationslager. Viele wurden vergast.
Sie schweigt, sie schluckt, sie hat Tränen in den Augen. Dann
steht sie plötzlich auf, nimmt ihren Brotlaib und verläßt das

Geschäft, ohne die Türe zu schließen. Wir hören ihren schlurfenden Gang, der immer leiser wird und dann in andere Umweltgeräusche eintaucht.

Es wird Sommer. August. Ein heißer Tag. Nach dem Abendessen sitzen wir im kühlen, gepflasterten Hof vor dem Hühnerstall. Wir reden über den heutigen Tag, über das Geschäft, über den kranken Brotausfahrer. Da bringt uns der Geselle, der auf dem Hagen Fußball gespielt hat, die Nachricht, daß sich die Frau, die uns vor geraumer Zeit immer von ihrem zerstörten Dorf erzählt hatte, selbst das Leben genommen habe. Im Keller hätte sie sich an einem Wasserrohr erhängt, und heute Abend hätte man sie erst gefunden, durch Zufall, weil sie ja keine Angehörigen hatte. Nach ein paar Tagen hörten wir von einer Kundin, daß sich ihr die besagte Frau schon vor Wochen anvertraut habe. Sie könne das Geschehene und Mitangesehene nicht mehr bewältigen, und zum Mittragen ihres Schmerzes hätte sie niemanden.

Für mich ist es das erste Mal in meinem noch so jungen Leben, daß ich überhaupt mit dem Umstand, daß man sich selbst töten könne, konfrontiert werde. Es ist schrecklich und wirkt wie ein Schock auf mich. Nächtelang werde ich beim geringsten Geräusch in der Backstube unter mir wach, sitze im Bett, sehe einen zynisch lächelnden Totenschädel vor mir, und seine zahnlosen Kiefer bewegen sich auf und ab, als ob auch er mir eine grausige Geschichte erzählen wolle.

Ein paar Tage darauf, an einem Sonntag, gehe ich mit Mutter auf dem Donaudamm bis zur Kagerser Reibe und noch ein Stück in Richtung Öberau spazieren. Wir reden nicht viel. In den Büschen hängen noch Zweige und Grasbüschel vom letzten Hochwasser. Es sieht alles noch so dreckig aus. Große, aufgedunsene Tierkadaver treiben an der Wasseroberfläche und werden durch Strudel ständig gedreht. Mutter glaubt, einen toten Fisch entdeckt zu haben und verläßt den Damm, um mir das Tier zu zeigen. Wir nähern uns dem Ufer, klettern ein wenig die Böschung hinunter. Da stößt Mutter einen kleinen Schrei aus. Sie hat sich an einem spitzigen Zweig so richtig gekratzt. Ein paar Bluttröpfchen schimmern über der Wunde. Sie bindet sich ein Taschentuch um die verletzte Fessel. Da sie ein wenig eitel ist und nicht länger mit einem Tuch am Bein herumlaufen will, drängt sie nach Hause. Die Wunde brennt einige Tage lang. Tobt sogar.

Eines Morgens sagt Mutter: „Mir ist so schlecht. Jeden Tag nach dem Aufstehen könnte ich mich erbrechen. Ich werde doch nicht krank sein?"

Am nächsten Sonntag, wir sitzen beim Frühstück, kommt Mutter nicht zu uns an den Tisch. Ich sehe im Schlafzimmer nach. Sie liegt im Bett und hat die Augen geschlossen. Ich rüttle an ihrer Schulter. Mutter schlägt die Augen auf, scheint mich jedoch nicht zu erkennen. Sie murmelt zunächst etwas Unverständliches, spricht dann aber sehr klar, jedoch Unsinniges. Ich solle die Nägel aus der Donau holen, sagt sie, bevor sie ertrinken. Sie phantasiert. Großmutter telephoniert mit einem Arzt, der in der Aprilgasse erst vor kurzem eine Praxis eröffnet hat, da unser Hausarzt in der Bahnhofstraße selbst erkrankt ist. Der neue Doktor, groß, schlank, etwas schlacksig, stellt nach kurzer Zeit die Diagnose: Kopftyphus. Wir alle nehmen an, daß es von dem Kratzer an der Donau kommt. Vielleicht waren Reste eines Aases an diesem Zweig?

Mutter phantasiert weiter, schwitzt, weint, schläft. Der Arzt kommt täglich. Nach drei Tagen sagt er, die Patientin müsse nun ins Krankenhaus. Er könne momentan nicht helfen. Da besteht Großmutter darauf, daß ein Priester geholt wird, am besten gleich der Herr Stadtpfarrer, wegen der letzten Ölung, der Krankensalbung. Sie ruft an. Der Herr Stadtpfarrer läßt wissen, daß er erst gegen Abend kommen könne. Da haben wir noch Zeit, um alles für diese sakramentale Handlung vorzubereiten.

Aus dem mittleren Zimmer wird das kleine Tischchen geholt, auf welchem sonst immer ein großer Asparagus seinen Platz einnimmt. Darauf stellen wir nun in Anwesenheit der Kranken ein kleines, schwarzes Kreuzchen, zwei Kerzen links und rechts von diesem, ein Glas mit Weihwasser und eines mit gewöhnlichem Wasser, einen Teller mit Watteflocken, ein Schüsselchen mit Brotkrumen und Salz und ein kleines Handtuch für den Priester, damit er sich nach der Salbung der Kranken reinigen kann. Fertig. Alles ist vorbereitet. Still verlassen wir das Zimmer.

Mutter schläft nun tief. Mir ist eigenartig zumute. Immer denke ich an den Tod. An Mutters Tod. Wird sie sterben? Was wird dann sein? Meine kleine Schwester stellt die Frage, ob sie den ganzen Zucker aus der Dose schlecken darf, wenn Mutter nicht mehr am Leben ist. Die Unruhe treibt uns durch das Haus, hinauf in den zweiten Stock und auf den Speicher, dann wieder hinunter in den Hof zu den Tieren. Die Ungewißheit macht verrückt.

Endlich hören wir das Klingeln der Ministranten, die dem Priester bei seinem Versehgang mit Glöckchen und Weihrauchfaß vorangehen. Die Leute auf der Straße bleiben stehen, bekreuzigen sich und schauen dem Zug neugierig nach. Die Gruppe betritt unser Haus und begibt sich hinauf in den ersten Stock. Aber nach kürzester Zeit verlassen der Pfarrer und die Meßdiener das Krankenzimmer wieder. Verstört. Ärgerlich. Großmutter will wissen, was geschehen ist. Der Herr Stadtpfarrer beklagt laut, daß Mutter ihn einen Teufel genannt habe. Das läßt er sich auch von einem kranken Menschen nicht bieten. Großmutter entschuldigt sich, sagt, daß ihre Tochter phantasiere. Aber der Pfarrer versteht das nicht. Vielleicht kann er es auch nicht verstehen. Oder er will nicht. Wieder zieht die Gruppe die Straße entlang. Wieder bekreuzigen sich die Menschen. Im Haus riecht es noch lange etwas süßlich, nach Weihrauch. Wie am Dreikönigstag. Jetzt, im Hochsommer.

Kurz darauf kommt der Arzt. Mutter muß umgehend ins Krankenhaus. Auch dort besucht er sie täglich. Oft sogar zweimal am Tag. Ist er in Mutter verliebt? Nach fast fünf Wochen wird sie entlassen. Geht in die Dusche, nach langer Zeit. Sagt, daß sie nun wieder rein sei. Die Oberschwester sagt: „Am Leib schon, aber was ist mit der Seele?" Mutter ärgert sich. Sie heult sogar. Die Schwester sagt, sie habe es nicht so gemeint, aber jetzt, nach der Hitlerzeit, in der die Seele wenig oder auch nichts mehr gegolten hätte, frage sie halt schon von ihrem Glauben her nach dem Inneren eines Patienten.

Mutter kommt heim. Der Arzt kommt jeden Tag. Sie blüht auf. Schneidert und näht sich eine Bluse, eine bunte, aus aufgetrennten Kleidern. Steht oft vor dem Spiegel. Lächelt. Lacht. Jetzt wissen wir es. Sie ist verknallt. In den Doktor. Doch der ist verheiratet. Das haben wir auch mitgekriegt. Wir kennen sie, seine Frau, die Langbeinige, die Rothaarige. Sie kauft jetzt plötzlich bei uns ein. Nichts Besonderes. Nur mal eine Semmel oder ein Zuckerhörnchen. Hat sie Verdacht geschöpft? Spioniert sie?

Eines Morgens ist Mutter wieder verändert. Sie sieht müde aus. Erschöpft. Wirkt angegriffen. Wird wieder aggressiv. Den Grund erfahren wir bald. Der Doktor ist ausgewandert. Nach Australien. Mit seiner Frau. Über Nacht, plötzlich, ohne Abschied. Große Enttäuschung. Viele heimliche Tränen. Wir sehen es Mutter an den verschwollenen Augen an. Erneut fühlt sie sich betrogen. Nicht allein vom Arzt. Vom Schicksal. Dieses hat sie wiederum hereingelegt, hintergangen, ausgeschmiert. Wieder ein Mann weg. Lange spricht sie kaum mit jemandem. Zieht sich zurück, verblüht erneut. Wieder Alltag. Grauer Alltag. Mit Arbeit und Ärger. Wie gehabt.

Ein paar Wochen darauf, kurz bevor ich mit einem meiner Freunde, dem Fritz, zu den Donaualtwässern gehe, sagt Mutter, daß sie gestern sehr lange anstehen mußte. Eine neue Währung sei eingeführt worden und jeder Bürger habe vierzig Mark Kopfgeld bekommen. „Jetzt heißt es Deutsche Mark und nicht mehr Reichsmark", sagt sie ein wenig spöttisch. Mich hat dies alles momentan weniger interessiert, da Fritz sicherlich schon bei der Schloßkaserne mit dem Fischzeug, bestehend aus Brettchen, Silk und Stecknadelhaken, auf mich wartet.

Kurz darauf. Eine Schraze liegt auf dem feuchten Boden. Sie zappelt. Schnellt hoch. Will überleben. Der Haken steckt noch an ihrem Maul. Dieses geht schnell auf und zu. Schnappt nach Wasser. Ein kleiner, kugelrunder Blutstropfen quillt langsam heraus. Die Augen drücken sich immer weiter aus dem Kopf. Da kommt die Erlösung. Ein schneller, harter Schlag mit einem Holzprügel in den Fischnacken. Der Körper streckt sich. Dehnt sich schier in die Länge. Aus. Der Haken wird herausgerissen. Erbarmungslos. Hautfetzen reißt er mit sich. Dann schabt eine scharfe Messerklinge den Fischleib. Entgegen der Schuppenrichtung. Diese fliegen wie kleine Zwergenteller durch die Luft. Verlieren sich im verklebten Laub am Ufer des Donaualtwassers. Die Schraze wird ausgenommen. Ich zerquetsche die Fischblase schnell zwischen beiden Handflächen. Es knallt. Ganz leise. Kopf weg, Schwanz weg, Flossen weg. Ich lege den Fisch zu der anderen Beute. Auch eine Barbe, eine Nase, ein Bürstling und zwei größere Lauben sind darunter.

Mit kleinen, handgedrehten Brotkügelchen haben wir sie erwischt. Diese Ködermurmeln stecken an kleinen, über der Gasflamme selbst gebogenen Haken aus Stecknadeln. Das Feuer brennt schon lange. Es wärmt die fischklebrigen Hände. Fritz legt Holz nach. Es raucht gewaltig, weil wir die zum Verbrennen geeigneten Zweige von noch feuchten Ästen brechen. Es wird schon etwas düster. Über dem stillen Land schwebt eine graue Regendecke. Am Horizont, unendlich weit weg, schwimmt ein schmaler, türkisgrüner Wolkenstreifen, durchzogen von silbernen Lichtfäden.

Das Feuer brennt jetzt höher. Das grüne Holz knackt. Fritz legt die Fische in die Randglut. Es zischt. Die toten Körper verformen sich zum Halbkreis, als würden sie sich zum letzten Male aufbäumen. Dann wirft mein Freund Kartoffeln, die er von zu Hause mitgebracht hat, in das Feuer. Und ich hole zwei Mohnstangen aus der Hosentasche meiner schwarzen, speckigen Lederkniebundhose. Kurz darauf hocken wir beiden Schwarzfischer und Wilderer auf einem abgebrochenen Trauerweidenstamm und lassen uns Fische, Brot und Kartoffeln schmecken. Unseren Durst stillen wir mit Donaualtwasser, mit der Hand geschöpft. So gefällt es uns. Hier, im unberührten Auengebiet, ist es für uns immer noch am schönsten.

Doch auch dieser Nachmittag vergeht viel zu schnell. Wir sollten schon längst zu Hause sein. Aber zuerst müssen wir noch das Feuer löschen. Nicht die geringste Glut darf zurückbleiben. Als aus den verkohlten Holzresten kein Rauch mehr aufsteigt, gehen wir los. Die Haken und das dazugehörende Holzbrettchen, um welches das Silk gewickelt ist, stecken in unseren eingefetteten Schnürstiefeln, damit sie der Landpolizist, falls er wider Erwarten auftauchen sollte, nicht gleich im ersten Moment findet.

Da sehen wir plötzlich auf der anderen Seite des Altwasserarmes ein riesiges Feuer, um welches eine Gruppe von Kindern geschart ist. Auch Mädchen sind darunter. Wir erkennen einige an ihren Stimmen und aus den Vornamenzurufen. Die meisten stammen aus der Kasernstraße und aus dem noch südlicheren Sadtgebiet um die Rennbahn. Wir haben nur dann mit ihnen zu tun, wenn wir gegen sie zum Kampf antreten. Es ist die übliche Rauferei zwischen den Straßen der verschiedenen Stadtviertel. Und derartiges Kräftemessen geschieht in den Sommermonaten des öfteren. Deshalb kennen wir viele von den Feueranzündern ziemlich gut.

Da! Ein Knall. Und noch einer. Wie aus einem Maschinengewehr geschossen. Wir werden neugierig. Ducken uns. Schleichen uns auf allen Vieren an. Die nicht behandschuhten Hände bekommen Kratzer. Macht aber nichts. Wir wollen wissen, was da drüben los ist. Aber erwischen lassen dürfen wir uns auf keinen Fall. Die Kasernler sind brutal. Tragen immer geklaute, weiße Gummiknüppel aus amerikanischen MP-Beständen mit sich. Und benützen sie auch. Ohne Vorwarnung.

Gleich. Sofort. Und deshalb passen wir auf wie angeschossene Hühnerhunde.

Endlich erreichen wir das Ufer mit einer dichten Böschung. Hier können wir unsere Oberkörper ein bißchen heben, um einen besseren Ausblick zu haben. Und da sehen wir es: Ein etwas kräftigerer Junge hat einen ganzen Gürtel von MG-Patronen um die Schulter gehängt. Immer wieder zieht er eine längliche Munition heraus und wirft sie in die Flammen. Und immer wieder knallt es dann, als ob wirklich geschossen würde. Alle lachen laut, fast ordinär, springen vor Freude und Übermut über das Feuer und klatschen vor lauter Begeisterung in ihre Hände. Einige Zeit läuft das so vor sich hin.

Es wird uns langweilig. Fritz gibt das Zeichen zum Rückzug. Bevor dieser jedoch eingeleitet wird, werden wir Zeugen eines ungewöhnlichen und dramatischen Ereignisses: Egon, der Anführer der Kasernenbande, ein großer Kerl, der mindestens schon die vierte Klasse besucht, nähert sich dem Patronenbesitzer und reißt ihm den gefährlichen Gürtel aus der Hand. Ein kurzes Gerangel, und schon schwingt er die Patronen über seinem Kopf im Kreis herum. Der andere gibt auf. Er ist zu klein. Er kann den Gürtel nicht erreichen. Nun scharen sich alle um Egon. Er ist jetzt der Boß hier. Der Platzhirsch. Vor allem die Mädchen rennen ihm kreischend nach, wenn er mit den Patronen um die Feuerstelle läuft. Er bewegt sich elegant. Fast wie ein Moriskentänzer. Flink. Geschmeidig. Doch dann schwingt er den Patronengürtel, verfällt in eine Art von Indianergeschrei und schleudert die Patronen mit einem Schwung in das Feuer. Warum läuft er nicht weg? Wieso bleibt er wie angewurzelt stehen?

Zu spät. Ein gewaltiger Knall, eine richtige Explosion erfüllt die Luft. Vögelschwärme steigen zwitschernd und piepsend auf. Fritz und ich vergessen unsere Angst und Schutzmaßnahme, erheben uns und laufen durch das seichte Wasser zur Unfallstelle. Unbewußt. Instinktiv. Als ob wir helfen sollten. Als wir nur noch ein paar Meter entfernt sind, erhebt sich ein Klagen und Schreien. Einige scheinen leicht verletzt zu sein. Reiben sich an Händen und Beinen. Wischen sich den Ruß aus den Augen.

Als sich der schwarze Rauch verzieht, sehen es alle mit Entsetzen: Egons linke Hand ist nur noch ein Stück Fleisch, das stark blutet. Ein Klumpen unansehnliches Hackfleisch. Er lehnt an einem knorrigen Trauerweidenstamm. Seine Haut leuchtet leichenblaß. Er zittert. Blickt wirr. Dann plärrt er: „Helft mir doch, ihr blöden Schweine! Tut doch was! Ihr Ärsche, ihr verreckten!" Er ist außer sich. Wir alle sind wie gelähmt. Bis Fritz schreit: „Ich fahre mit dem Rad zur Polizei!" Und weg ist er.

Unendlich lange kommt uns die Zeit vor, bis das Polizeiauto anrückt. Ein schwarzer VW. Mit einem kuppelförmigen Blaulicht in der Mitte des Autodaches. Ein Polizist bindet mit einem Gürtel Egons Arm ab. Dann sagt ein anderer, daß sie jetzt den Verletzten ins Krankenhaus bringen werden. Wo die Munition herkomme, wollen sie wissen. Einer von uns soll mitfahren. Hannelore wohnt in der Nähe von Egon. Deshalb steigt sie mit ins Polizeiauto.

Dann stehen wir alle vor dem verlöschenden Feuer. Vor der Rotglut, die uns an den Schrecken erinnert. Die Feindschaft ist weg. Momentan. Keiner kann sie jetzt brauchen. Einer nach dem anderen geht. Fritz und ich bleiben noch ein wenig und schütten Wasser in die Feuerstelle. Dann verdrücken wir uns.

Über den Unfall wird ausführlich in der Tagespresse berichtet. Er wird zum Gesprächsstoff der ganzen Stadt. Als man dann in Erfahrung bringt, daß es amerikanische Granaten waren, die man im Altwasserarm fand, hat man gleich wieder die Schuldigen. Die Amerikaner! Raufereien zwischen Deutschen und Amerikanern in unserem Viertel häufen sich. Doch schon nach ein paar Tagen ist alles so gut wie vergessen.

Im Herbst sehen wir auch Egon wieder des öfteren. Sein Arm ist amputiert. Noch nicht lange. Deshalb hat Egon noch Gleichgewichtsstörungen. Er geht komisch. Als ob er einen unsichtbaren schweren Sack trüge. Und sagen darf man gar nichts mehr zu ihm. Denn er wird sofort aggressiv. Geht sofort zum Angriff über. Packt einen mit der Hand von vorne am Hals und drückt zu. Wir gehen ihm deshalb aus dem Weg. Meiden ihn. Fürchten ihn. Nach einem Angriffsausbruch weint er meistens still vor sich hin. Im Winter dann heiratet Egons Mutter einen amerikanischen Offizier. Zu dritt wandern sie in die Staaten aus. Und Mutter erzählte oft, daß im Januar 1949 Egons Vater aus der englischen Gefangenschaft nach Hause kam. Er konnte es einfach nicht glauben, daß ihn seine Frau verlassen hat. Noch dazu mit dem Kind. Dem einzigen. Mutter sagte, er sei nie darüber hinweggekommen.

Regulator mit römischen Ziffern

Mein Sohn, wenn Sünder dich
verleiten wollen, so willige nicht ein!
Sagen sie etwa: Komm doch mit uns!
Wir lauern auf Blut, legen den Schuldlosen
Hinterhalt ohne Grund. Wie das Schattenreich
verschlingen wir sie lebendig, und Gesunde
wie solche, die ins Grab müssen.
(Aus: Buch der Sprüche; I. Prolog, 10 – 12;
Der Weisheitslehrer: Schlechte Gesellschaft meiden)

Spätsommer. Altweibersommer. September 1948. Weiße Fäden schwimmen durch die laue Luft, verhängen sich in den samtig glänzenden Pappelblättern und zittern wie kleine Luftschlangen im Abendwind. Der Tag geht zu Ende. Lange sind wir heute wieder beim Tiburtiusbrunnen auf dem Stadtplatz angestanden, um frisches Wasser in Eimern und Büchsen, Töpfen und Wannen zu sammeln und mühsam nach Hause zu befördern, da eine durch Baggerarbeiten zur Explosion gebrachte Bombe einen Rohrbruch in der Innenstadt verursacht hat.

An den Hauswänden und Bretterverschlägen kleben noch immer vereinzelt die alten, teils schon vom Regen ausgewaschenen und von der Witterung ausgebleichten handgeschriebenen Zettel, auf denen sich gleich in den ersten Wochen und Monaten nach Kriegsende Kinder, Familien, Eltern oder andere Angehörige gegenseitig suchten. Ein abgemagertes Pferd, einen vollgummibereiften, offenen Wagen ziehend, klappert mit seinen Hufen ein trauriges Stakkato in die Schlucht der Gasse. Auf diesem Gefährt steht ein Mann mit einer Mistgabel, während ein zweiter Blechtonnen mit Braunkohlenasche, teils noch glühend und elendiglich stinkend, auf den Wagen kippt.

Es ist die Müllabfuhr, die in diesem Bereich wieder allmählich für Ordnung sorgt.

Die Hufgeräusche werden leiser und leiser, es kehrt die gewohnte Stille ein. Ich kann wieder das Geschrei der Krähen in den Anlagenbäumen hören. Vor der Haustüre stehend, halte ich noch einen Rest von Roggenbrot mit daraufgeschmiertem Rübensirup in der Hand. Den größeren Teil habe ich in der Küche zusammen mit Malzkaffee verzehrt, jedoch ungesüßt, da sich im braunen Zucker einige Ameisen tummelten.

Es wird dunkel. Die Lichter in der „Blauen Traube", dem Gasthaus direkt neben unserer Bäckerei, gehen an, der Veitwirt schließt die Fensterläden. Der Geselle Alfons kommt aus der Wirtshaustüre. Er hat Karten gespielt. Um Pfennigbeträge. Anscheinend ist der Dünnbierkonsum etwas reichlicher als sonst ausgefallen, da der Heimkehrende eine leicht unsichere Gangweise an den Tag legt. In der Backstube wasche ich mir noch die vom Sirup klebrigen Hände und gehe hinauf in mein Zimmer, das ich zusammen mit Onkel Matthias, einem Bruder meines verstorbenen Vaters, bewohne. Er stieß im August zu uns, unverheiratet, als Bäcker. Nach vier Jahren Bordfunker kann er das Morsealphabet wie im Schlaf. Er möchte es mir beibringen. Ich habe jedoch keine Lust. Bin desinteressiert.

Das Zimmer ist verdammt eng. Zwei Betten, zwei Nachtkästchen, ein rechteckiger Tisch mit einer geblümten Tischdecke darauf, ein großer, hoher Kleiderschrank. Der Boden ist mit glänzendem, am Rand mit Mäandermuster verziertem Stragula ausgelegt, das hie und da gewischt und dann auch gewachst werden muß. An der Ostwand über meinem Bett hängt ein Bild, das die heilige Muttergottes mit dem Jesuskind darstellt, inmitten exotischbunter Blumen und stilisierter Pflanzen. Der purpurrote Mantel und der goldene Heiligenschein Mariens beeindrucken mich immer wieder. Oft meine ich, daß der Heiligenschein in der Nacht wie Phosphor leuchtet.

An der Wand gegenüber kann man ein hölzernes Kreuz mit einem Messingcorpus sehen. Links und rechts neben dem

Kruzifix hängen kleine Bildtafeln von Maria und Joseph. Über dem Bett von Onkel Matthias zerhackt ein mit römischen Ziffern versehener Regulator die langsam verrinnende Zeit und vermischt sich arhythmisch mit dem alten Wecker, der auf meinem Nachtkästchen tickt.

Wenig Luft, zu wenig Sauerstoff zum Schlafen, befindet sich in diesem Zimmer. Deshalb lassen wir nachts immer die Fenster halb offen. Angelehnt. Aber kaum schlafen wir, muß Matthias schon wieder aufstehen. Früh um halb drei. Jeden Tag. Am Samstag sogar schon um zwei. Oft flucht er, leise, aber ich höre es. Es gibt kein fließendes Wasser in diesem Raum. Auch keine Toilette. Diese befindet sich draußen auf der Altane, in die es im Winter hereinschneit. Deshalb werden Nachttöpfe verwendet. Aus diesen riecht es aber dann die ganze Nacht. Wie Nebel hängt der Uringeruch im Zimmer und schleicht sich unter den Tisch an mein Bett. Ich werde wach und wälze mich hin und her. Dadurch knarzt es laut. Wieder ein Fluch meines Onkels. Es ist erst Mitternacht. Samstag. Noch zwei Stunden Schlaf.

Und da geht es schon wieder los, wie fast jede Nacht. Meist schon um zehn. Aber heute später. Irgendwo stöhnt eine Frau. Erst leise, dann laut, und dann schreit sie, als würde sie an einem Spieß stecken. Als würde sie jemand grausam foltern. Es klingt schrill, unheimlich. Angsteinflößend. Dann Stille. Totenstille. Ich schleiche zum Fenster. Der Onkel schnarcht. Er hört nichts. Ich schiebe zuerst die Vorhänge und dann die leichten Stores zur Seite, öffne den rechten Flügel.

Da sehe ich sie. Sehe sie liegen. Die Frau. Sie liegt auf dem Rücken. Mitten in der Fraunhoferstraße, unter der immer schaukelnden, an einem langen Draht hängenden Straßenbeleuchtungslampe. Ein Bein ist angewinkelt. Das Licht der leuchtenden Birne spiegelt sich in den weit aufgerissenen Augen. Die Frau wimmert, weint leise. Die Gasthaustüre wird wirsch aufgestoßen und zwei Männer kommen heraus, blicken sich vorsichtig nach allen Seiten um und nähern sich dann der Verletzten. Sie beugen sich über die Liegende und heben deren Kopf durch Ziehen an den Haaren in eine aufrechte Stellung.

Da gehen plötzlich die Fenster des Nachtlokales auf und werfen ein gleißendes Licht auf das gespenstische Szenarium. Ich trete einen halben Schritt zurück in das dunkle Zimmer und verstecke mich hinter dem durchsichtigen Store, obwohl mich in dieser Stellung sowieso niemand entdeckt hätte.

Es wird laut. Amerikaner stürzen aus der Türe und werfen sich auf die Betrachter der Frau. Da eilen ein paar Deutsche vom Veitwirt herüber zu Hilfe. Eine wüste Schlägerei beginnt. Ich habe noch heute dieses eigenartige Geräusch im Kopf, wenn ein menschlicher Körper auf gepflastertem Boden aufschlägt. Es klingt dumpf, schwer, sackartig, plump.

Mädchen stürmen auf die Straße, ziehen einen ihrer hohen Stöckelschuhe aus und prügeln damit auf die Köpfe der Gegnerinnen und Gegner. Wilde Schreie, Flüche und Verwünschungen gellen durch das Nachtlokalviertel und brechen sich an grautristen Hauswänden. Fäuste bohren sich in Bäuche und prallen auf betrunkene Schädel. Blut läuft über schwitzende Gesichter, tropft auf die Pflastersteine. Deutsche und amerikanische Wortfetzen fliegen durcheinander, beide im Kampfgetümmel schlecht verständlich.

Plötzlich hat jemand eine leere Bierflasche in der Hand und schlägt damit in das Gesicht eines jungen Mannes, der halb bewußtlos und schwer benommen am Boden kauert. Glas und Zähne splittern. Ein furchtbares, entsetzliches Geräusch. Ich erinnere mich an den Unglücksfall im letzten Winter, als beim Eishockeyschießen ein durch die Luft sirrender Puck meinem Cousin ein paar vordere Zähne eindrückte. Es wird immer lauter und brutaler. Ich zittere, verspüre Angst. Ich möchte dem am Boden Liegenden beistehen, komme mir aber total hilflos vor.

Da ein Schrei: „Die MP kommt!" In Windeseile werden die Verletzten und Ohnmächtigen in den Hausflur geschleift und die Türen zugeknallt. Als die amerikanischen Militärpolizisten über die Autotüren aus ihrem offenen Jeep springen, brauchen sie ihre weißen Gummiknüppel nicht zum Einsatz zu bringen, denn der Rest der Raufenden umarmt sich plötzlich gegenseitig. Worte wie „Freund" und „friend" dringen an die Ohren der MP, die unverrichteter Dinge wieder abzieht. Kaum ist sie jedoch außer Hör- und Sichtweite, flammt der Straßenkrieg erneut auf. Jetzt mehr im Dunkeln, unter unserem Schlafzimmerfenster.

Onkel Matthias wird wach. Er ist unmutig, verärgert, da er sich um den verdienten Schlaf betrogen fühlt. Er reißt seine Nachtkästchentüre auf, zieht den halbgefüllten Nachttopf hervor, geht zum Fenster und schüttet den Inhalt auf die Köpfe der Raufenden. Todesdrohungen dringen zu uns herauf. Geballte Fäuste trommeln an die Haustüre. Onkel Matthias wird nun erst recht stinksauer. Er nimmt ein am Tisch liegendes Backblechabkratzmesser und wirft es wütend in die Menge. Diese schafft es jedoch nicht mehr zu reagieren, da erneut die MP in Erscheinung tritt. Nun jedoch mit aller Härte.

Zwei Jeeps kommen an, sechs Militärpolizisten springen behende heraus. Mit den weißen Knüppeln dreschen sie auf Deutsche und Amerikaner ein, am liebsten quer über das Nasenbein und auf die Schultern. Noch besser auf ein Schlüsselbein. Das bricht am schnellsten und schmerzt am meisten. Weitere MP-Jeeps fahren quietschend vor, übermannen den Rest des Kampfgesindels, zerren sämtliche greifbaren Personen in die Autos, rasen mit ihnen davon.

Ruhe. Ganz plötzlich. Unheimliche Stille. Ich schleiche zurück in mein noch warmes Bett, Onkel Matthias geht hinunter in die Backstube. Er flucht. Es ist zwei Uhr früh. Ich höre noch, wie er den Treibriemen der Teigteilmaschine mit der Hand anwirft und dann erst den Hebel des Motors umlegt. Ein lautes und dröhnendes Geräusch, das ich von klein auf kenne, seit jenem Tag, als wir in die Bäckerei gezogen sind.

Als die Briketts im Backhaus in die bald weißglühende Brennkammer geschaufelt werden, schlafe ich wieder ein, noch lange von der Rauferei träumend, obwohl ich diese, seit Jahren fast jede Nacht erlebend, eigentlich längst gewohnt sein müßte.

Früh gegen sieben Uhr werde ich wach. Drunten stehen drei Jeeps, daneben mehrere Soldaten. Verstärkte MP. Einer hält Onkel Matthias' Messer in der Hand. Sie gehen auf die Ladentüre zu, treten ein. Dann geht alles sehr schnell. Wir werden im Backhaus zusammengetrieben, müssen dort warten: die Großeltern, Mutter, Onkel Matthias, ich, der Geselle und die beiden Lehrbuben. Dann wird das ganze Haus auf den Kopf gestellt, nach Waffen untersucht. Auch das Kindermädchen Marianne, das sich mit meinen beiden Schwestern in der Küche aufhält, wird lange befragt. Als sich nichts findet, wollen die Militärpolizisten den Eigentümer des geworfenen Messers herausfinden. Doch umsonst. Keiner war es, keinem gehört es. Vielleicht hat es jemand von der gegenüberliegenden Seite der Straße, aus der anderen Bäckerei, heruntergeschleudert, in Wut auf die Raufbolde.

Die MP verzieht sich. Im Wegfahren droht noch einer mit dem Zeigefinger, ein anderer mit dem weißen Gummiknüppel. Sie wollen uns Angst machen. Der Geselle lacht als erster, dann setzen auch wir ein. Der Spuk hat ein Ende. Doch nur für kurze Zeit, denn in der nächsten Nacht geschieht etwas, das ich damals als Achtjähriger zwar gesehen, jedoch noch nicht verstanden habe.

Ich wohne seit ein paar Tagen allein im Zimmer. Onkel Matthias ist kurzfristig zu Verwandten nach Worms gefahren. Mit dem Zug. Erst in einer Woche will er wieder zurückkehren.

Durch das kleine Fenster an der Westseite, einem Ausguck ohne Stores, jedoch mit blumenmusterbedrucktem Vorhang, höre ich gegen Mitternacht ein seltsames, mir noch fremdes Geräusch. Es ist ein Weinen und Schreien, ein Betteln und Schimpfen zur gleichen Zeit. Mal eine Mädchenstimme. Dann

Männerstimmen dazwischen. Heute weiß ich, daß da hinten in der Ecke zwischen unserem und dem angrenzenden Anwesen ein deutsches Mädchen von Amerikanern vergewaltigt wurde. Es waren fünf oder sechs. Einmal fällt das Mädchen, das an der Hauswand lehnt, mit dem Gesicht nach vorne auf die Pflastersteine. Ich sehe, wie sie es auf den Rücken legen und ihm einen Bierkrug voll Wasser in das Gesicht schütten. Dann richten sie es wieder auf und vergehen sich weiter an ihm. Ich glaubte immer, die Frau sei krank, weil sie ständig wimmerte und heulte.

Als Onkel Matthias dann doch schon am nächsten Tag nach Hause kommt, erzähle und berichte ich ihm alles. Das von dem Mädchen und den Amerikanern. Er hat es anscheinend weitererzählt. Ich glaube, auch meiner Mutter. Denn als ich eines Tages aus der Schule komme, ist das Fenster verschwunden. Noch tagelang ist es im Zimmer etwas feucht. Und es riecht nach Mörtel und gelöschtem Kalk. Und am Spätnachmittag wird es düster in dem kleinen Raum. Das Abendsonnenlicht ist zugemauert.

Wollst unsern Hunger stillen

O heil'ge Seelenspeise,
auf dieser Pilgerreise,
o Manna, Himmelsbrot!
Wollst unsern Hunger stillen,
mit Gnaden uns erfüllen,
uns retten vor dem ew'gen Tod.
Mit Glauben und Vertrauen
wir dich verdeckt hier schauen
in deiner Niedrigkeit.
Ach, laß' es, Herr geschehen,
daß wir im Himmel sehen
dich einst in deiner Herrlichkeit.
(Nach „O esca viatorum", Würzburg 1649;
Strophen 1 und 5)

Erster Schultag. September 1946. Trübes Wetter. Trostlose Nebelfetzen ziehen von der Donau zu uns herüber. Vermischen sich mit dem Rauch unseres Backofens. Treiben vereint zum Stadtplatz hinauf. Mutter bringt mich zur Schule. Ein älteres Fräulein begrüßt mich freundlich und herzlich. Sie schickt Mutter gleich wieder fort. Und diese geht gerne. Hat sowieso wenig Zeit. Das Geschäft wartet auf sie. Und auch die Großeltern. Heute muß sie wieder aushelfen. Sie tut es gerne. Das Essen für sie und uns Kinder ist dann wieder mal umsonst. Gratis. Und das ist in diesen miserablen Zeiten gut und wünschenswert. Es wird gerne so angenommen. Und dankbar wird vor und nach dem Essen gebetet.

Ein paar Tage sind nun schon wieder vergangen. Fräulein Meier, unsere Lehrerin, blättert mit uns das einzige Buch durch, das wir erhalten haben. Kinder mit zerbrochenen Holzreifen toben auf der ersten Seite, Mädchen spielen mit einem Stoffball, Knaben schütteln mit einem Spazierstock Kirschen von den Bäumen, und ein kleines Kind fürchtet sich vor einer Schlange. Erst viel später begreife ich, daß dies alles Buchstaben bedeuten sollen, deren Lesen und Schreiben wir noch zu lernen hatten.

Weiter hinten im Buch erscheinen dann schon die ersten Einzelbuchstaben mit Bildchen vom Hänschen klein, der in die weite Welt hinausgeht und der in der Schule dann mit einem dicken Kreidestück schon das Wort „Hase" an die große, schwarze Wandtafel malen kann. Auf den nächsten Seiten schenkt Mimi ihrem Vater eine Rose aus dem eigenen Garten. Da denke ich wieder daran, wo wohl mein Vater gerade sein wird, wie es ihm geht und was er im Moment tut. Hoffentlich bekommt er genügend zu essen und trinken. Und hoffentlich hat er auch ein warmes Bett irgendwo draußen oder in der Gefangenschaft.

Durch das Umblättern werde ich abgelenkt und sehe eine schwarze Dampflok mit Tender über eine Brücke keuchen, unter welcher in einem See Enten sich vergnügen. Gegenüber scharen sich Hühner um einen riesengroßen Hahn und steuern Tauben ihren Kobel an. Ein Fuchs flieht mit einer gestohlenen und getöteten Gans über das Feld, und der Wolf besucht die sieben Geißlein.

Und so geht es die nächsten Wochen und Monaten in meinem ersten Lesebuch weiter mit Plätzchenbacken, Gräberbesuch, Autofahrern, Postboten, Barbarazweigen, Nikolausbesuch, Adventskranz und Christbaum. Das darauffolgende Schlittenfahren dürfen wir auch malen. Einige Farben besitzen wir in einem kleinen Malkasten, die anderen leihen wir uns gegenseitig aus. Als ich aber den weißen Schnee malen soll, nehme ich am nächsten Tag Zahnpasta dafür in die Schule mit. Weiße Farben haben die wenigsten in ihren Kästen.

Eines Abends werde ich Zeuge, wie Mutter ihren Eltern das Vorwort zu meinem Lesebuch vorliest. Ich verstehe zwar fast nichts, höre jedoch trotzdem aufmerksam zu, weil es ja mein Buch ist und ich es wie ein Stück von mir liebe.

„Das vorliegende Buch gehört zu einer Reihe von Schulbüchern, die auf Anordnung des Obersten Befehlhabers der Alliierten Streitkräfte veröffentlicht werden. Es dient zum Notgebrauch in deutschen Schulen, die sich in dem von seinen Truppen besetzten Gebiet befinden.

Dieses Buch wurde gewählt nach gründlicher Untersuchung vieler Schulbücher, die in Deutschland vor der Machtübernahme durch den Nationalsozialismus in Gebrauch waren. Es ist von Deutschen geschrieben und wird hiermit ohne jedwede Textänderung neugedruckt.

Die Tatsache des Neudrucks bedeutet nicht, daß dieses Buch vom erzieherischen oder anderen Gesichtspunkt aus völlig einwandfrei ist. Aber unter den gegebenen Umständen ist es das geeignetste Buch, und es ist zu benutzen, bis Deutschland selbst bessere Schulbücher hervorbringt."

Im Lesebuch für die zweite Jahrgangsstufe nehmen mich gleich die ersten beiden Seiten gefangen. Das Gedicht „Morgengruß" untermalt stimmungsmäßig das bunte Bild auf der gegenüberliegenden Seite, das mich einen weiten Blick auf eine tiefgelegene Flußebene mit angrenzenden Bergen werfen läßt. Im Vordergrund steht eine Mutter mit blauem Kopftuch und trägt ein Kind auf dem Arm. Um sie herum stehen, liegen oder hocken noch weitere zehn Kinder. Eine Helferin – vor gar nicht so langer Zeit hat man dazu noch Arbeitsmaid gesagt – unterstützt sie in der Erziehung und Beaufsichtigung. Männer sehe ich keine. Über den Bergen geht soeben gleißend die Sonne auf, und eine Gloriole von kleinen, nackten Engelchen tanzt zwischen den Strahlen. So habe ich mir immer die Ewigkeit vorgestellt und beim Anschauen dieses Bildes immer gedacht, daß es ja ganz schön sein kann, wenn man einmal sterben muß und in diesen wunderbaren Himmel aufgenommen wird. Aber dann mußte ich gleich wieder an Mutter denken, die doch jeden Tag für die Heimkehr ihres Mannes betet, und das Bild hat mich dann nicht mehr so sehr beeindruckt.

An einem sonnigen Morgen im Januar 1949, ich besuche nun schon die dritte Jahrgangsstufe, sagt ein Aushilfslehrer, der sonst lieber mit dem Tatzenstock zuschlägt, zu uns: „Schaut her, was ich da für euch habe! Es ist ‚Der Schutzengel', eine Zeitschrift für euch, die ich als Kind schon gelesen habe. Aber hört, was sie Schriftleitung an euch schreibt: ‚Liebe Kinder! Euer Schutzengel ist wieder da! Das ist wahrlich eine große Freude! Acht Jahre durfte er nicht mehr zu Euch sprechen, nichts erzählen, niemanden trösten, keinen erfreuen. Aber jetzt sind die schlimmsten Hindernisse auf die Seite geräumt. Er ist wieder da mit seinem Schatz an Erzählungen, seinem Reichtum an Bildern aus der großen Kunst, seinen herrlichen Liedern und Balladen, seinen immer neuen Anleitungen zu Spiel und Arbeit. Ja, der ‚Schutzengel' ist wieder da, für Euch, denn der ‚Schutzengel' ist ganz allein Eure Zeitschrift. Darum laßt Euch führen vom ‚Schutzengel', er macht Euch immer wieder frisch und froh, er wird Euch zur Seite sein in den Jahren der Schule, aber auch Euch geleiten ins Leben.

„In Gottes Namen!" so beginnt der feine Scherenschnitt auf der Titelseite. Lockt er nicht zugleich das Scherlein aus der Lade zu einem Versuch? Oder übt das Eisenbahnspiel mit Euren kleinen Geschwistern ein! Das ist gewiß nicht so leicht, dazu müßt Ihr vorher die einzelnen Rollen sorgsam herausschreiben und danach jede einzelne Rolle einüben. In aller Freude aber vergeßt die armen Kinder nicht. Wenn Mutter alles erlaubt, dann leiht den ‚Schutzengel' denen, die keinen bestellen konnten, den Waisenkinder, den Flüchtlingskindern. Laßt alle teilhaben an unserer großen Freude!"

Dann teilt der Lehrer Bestellzettel aus. Und der Fritz, der im Waisenhaus wohnt, sagt leise zu mir: „Wenn du den Schutzengel bestellen darfst, dann leihst du ihn mir auch!" Natürlich gebe ich ihm dieses Versprechen. Dann bekommen ein paar Kinder ein Probeexemplar des „Schutzengel". Als ich den Scherenschnitt sehe, wird mir zunächst ganz leicht ums Herz, weil der große Engel mit den weiten Flügeln zwei Kinder, einen Knaben und ein Mädchen, sicher auf einem Weg geleitet. Der Weg führt rechterhand zu einer kleinen Kapelle, über welcher ein Stern leuchtet. Doch linkerhand erblicke ich ganz klein einen Mann, der hinter einem von Ochsen gezogenen Pflug hergeht.

Da muß ich schon wieder an meinen Vater denken. Ich selbst vermisse ihn eigentlich weniger, weil ich ihn ja nie kennengelernt habe. Aber Mutter jammert und weint den ganzen Tag, und immer wieder sagt sie, ich bin jetzt der Vaterersatz. Ich muß jetzt an seine Stelle treten, weil ich der einzige Mann in unserer Familie bin.

Als ich dann dem Fritz eines Tages den „Schutzengel" leihe, bringt auch er mir etwas mit. Einen kleinen Kalender. Aber Mutter sagt, das dürfe man jetzt nicht mehr lesen, weil Gedichte über die deutschen Mütter darin stünden. Und sie liest mir eine Strophe vor, aber äußerst leise, ganz nahe an meinem Ohr:

„Mütter, euch sind alle Feuer, alle Sterne aufgestellt, Mütter, tief in euren Herzen, schlägt das Herz der weiten Welt." Doch dann bemerkt sie: „Eigentlich ein Blödsinn! Ich brauche kein so großes Herz, ich brauche meinen Mann wieder! Ach, schau her, was da noch steht: „Das Hakenkreuz ist heute zum Sinnbild des Kampfes unseres Großdeutschen Reiches für seine lichte Zukunft und seinen ewigen Bestand geworden."

„Da muß ich aber schon lachen", sagt sie, „ da hast du jetzt die lichte Zukunft und den ewigen Bestand! Einen Mist haben wir jetzt! Alles hin! Alles kaputt! Alles Scheiße! Millionen verreckt. Und unser lieber Vati ist auch unter ihnen. O Gott! Ich will das nicht mehr sehen. Gib dem Fritz den Kalender zurück. Am besten gleich. Und bring sowas nie wieder! Hörst du?"

Einmal zeigt uns das Schulfreulein ein paar Blechtiere, die man aufziehen kann. Sie laufen, rennen und springen lustig auf dem Lehrerpult hin und her und erzeugen eine große Freude unter uns Kindern. Als aber dann durch die Unvorsichtigkeit und den Übermut eines Mitschülers eine kleine Blechmaus auf den gebohnerten Boden fällt und in mehrere Stücke zerbricht, ist es aus mit der Tierschau.

Jetzt wird wieder fleißig gelernt und zum ersten Male ein richtiges Gedicht vorgelesen. Es paßt genau zum Stoff der Klasse, weil wir doch bald Erstkommunion feiern dürfen. Und da heißt es, fleißig und nicht nur jeden Sonntag, sondern auch mittwochs früh, in die Schulmesse zu gehen. Das Gedicht heißt „Die wandelnde Glocke" und erzählt von einem Mädchen, das anstatt in die Kirche zu gehen, lieber zum Spielen in die Natur hinausläuft. Die zum Kirchgang einladende Glocke hört plötzlich zu schlagen auf und wandelt dem Kind auf freiem Felde nach, um sich über den Körper des Mädchens zu stülpen, als Strafe dafür, daß es den Gottesdienstbesuch hat ausfallen lassen. Äußerst beeindruckt und auch ein wenig ängstlich gehen wir nach Hause und schwören uns auf dem Schulweg gegenseitig, immer und stets pünktlich in die Kirche zu gehen. Wir alle glauben fest an die wandelnde Glocke und blicken immer skeptisch zum Kirchturm hinauf, wenn zum Kirchgang geläutet wird.

Lustiger wird es dann, wenn wir im Lesebuch die „Weilheimer Stückl" lesen, in denen die Bewohner mittels eines Strickes einen Ochsen auf die Stadtmauer ziehen wollen, damit er das dort wachsende Gras fressen soll. Das Bild des erstickenden Tieres mit seiner herausquellenden Zunge geht mir lange nicht mehr aus dem Kopf. Aber wie zum Ausgleich spielen wir dann das auch im Lesebuch befindliche Stück „Kasperl und die Leberwurst", wobei ich den Schutzmann darstelle.

Auf dem Kopf trage ich eine verschlissene, dunkelblaue Schildkappe, ich darf ganz laut und wild mit dem Säbel rasseln und fordere dem Kasperl die Hälfte seiner Leberwurst ab. Während wir den Säbel schleifen, um die Wurst zu teilen, schleicht sich von hinten ein Krokodil an und frißt die ganze Wurst auf. Sehr gerne will ich auch zu Hause das Stück spielen und dabei das Krokodil sein, aber zur Ausführung fehlt die besagte Wurst. Als Ausweg hole ich mir dann bei meinen Großeltern in der Bäckerei meist ein Salzstängelchen oder einen Mohnzopf, und diese müssen dann die nicht vorhandene Wurst ersetzen. So brauche ich in dieser Zeit nach dem Krieg nie an Hunger zu leiden wie andere, vor allem Flüchtlingskinder, aus meiner Klasse. Einigen dieser Kinder wird während des Unterrichts sehr oft schlecht. Manche fallen sogar von der Bank herunter, weil sie noch nichts im Magen haben.

So sind wir alle sehr froh, als uns eines Tages aufgetragen wird, einen Blechnapf mit Löffel in den Schulranzen zu stecken oder an diesem anzubinden, weil es ab der nächsten Woche eine sogenannte Schulspeisung geben soll.

Tatsächlich erscheint ab Montag regelmäßig ein amerikanischer Lastwagen und beliefert die Hausmeisterin, die Kochfrau, mit allerlei Lebensmitteln, aus denen dann die Kinderspeisung bereitet wird. In der großen Pause um zehn Uhr gibt es dann entweder Griesbrei, Haferflocken, Kakao mit Semmel, eine süße Nudelsuppe, Dörrobst, Pudding, Mehlbrei, Erbseneintopf mit Fleischeinlage, Kompott, Schokoladenbrei, Nudeln mit süßem Fleisch, Aprikosenkompott mit Keksen, oder Bohnensuppe und am Samstag meist ein paar Bonbons oder eine richtige Tafel Schokoldade. Diese verstecken wir aus zwei bestimmten Gründen immer ganz schnell in der Schultasche oder noch besser am Körper selbst. Erstens wollen wir die Schokolade mit nach Hause nehmen, weil mehrere solche Tafeln ein wichtiges Tauschobjekt darstellen, und zweitens wird die Schokolade sehr gerne gestohlen. Meist aus purem Heißhunger.

Eigentlich ist es aber tatsächlich nichts anderes als bloßer Mundraub. Manchmal gibt es auch zwei Tafeln Trockenkakao, der eine gefährliche Wirkung zeigen kann. Wenn man von einer solchen Kakaotafel während des Unterrichts abbeißt, dann aber aufgerufen wird, staubt es beim Sprechen aus dem Mund. Manche Kinder vertragen bestimmte Suppen nicht und müssen sich übergeben, obwohl sie dies im voraus wissen und die Speise trotzdem recht schnell hineinessen, weil es für etliche die einzige warme Mahlzeit des ganzen Tages ist. In gewissen zeitlichen Abständen werden vor allem die unterernährten Kinder gewogen. Es gibt aber einige unter denen, die nach ein paar Monaten weniger wiegen als zu Beginn der Schulspeisungsverteilung.

In der Religionsstunde mahnt uns der Herr Kooperator immer wieder, daran zu denken, daß wir die Schülerspeisung der amerikanischen Militärregierung zu verdanken haben. Wir sollen recht froh darüber sein und neben unseren Familien, Verstorbenen, Vermißten und Gefallenen auch die amerikanischen Soldaten mit in unser Abendgebet einschließen.

Gleich zu Beginn der Weihnachtsferien 1948 geschieht wieder etwas, das mich unwahrscheinlich beeindruckt: Unser großes, dickes, fettes Schwein wird geschlachtet. Mutter sagt, sie ist froh, daß man wieder frei und öffentlich schlachten darf. Bislang, vor allem während der Kriegszeit, aber auch noch nach Kriegsende, war dies strengstens untersagt. Es war sozusagen Diebstahl am deutschen Eigentum. Viele wurden deswegen auch bestraft. Eingesperrt im Zuchthaus. Und das Fleisch wurde beschlagnahmt.

Jetzt wird das Tier aus dem Stall getrieben. Von Großvater. Der Metzger aus der Nachbarschaft ist auch schon anwesend. Jede Hand wird nun benötigt. Großvater streichelt das Schwein, krault es hinter dessen Ohren, spricht leise mit ihm, kratzt es am Rücken. Das Tier grunzt noch recht zufrieden.

Da! Ein einziger, knallharter Schlag des Metzgers mit dem schweren Vorschlaghammer. Genau zwischen die Augen des Tieres. Wie ein Hackstock fällt das Tier um. Schlägt noch ein paarmal mit den Füßen. Rührt sich nicht mehr. Schnell die Halsschlagader aufgeschnitten. Das Blut rinnt in eine Schüssel. Es dampft. Wird gerührt. Wir brauchen dieses Blut später für das Ragout und die Blutwürste.

Dem Gesellen und dem Lehrbuben wird gerufen. Zu viert heben sie nun den toten Körper in eine alte Badewanne.

Das Dienstmädchen kommt und holt mit Hilfe des Großvaters eimerweise siedendheißes Wasser. Dieses wird auf das Schwein und in die Wanne geschüttet. Mittels eines großen Messers mit geschärfter Klinge wird das Tier von seinen Borsten befreit. Rasiert. Kurze Zeit später hängt der Körper am starken Querbalken des Hühnerstalls. Mit dem Schädel nach unten. Blut und Schleim tropfen aus seinem Maul. Ein Schnitt des Metzgers, und die Eingeweide quellen aus dem Bauch. Die Därme werden vom Dienstmädchen ausgestreift. Sie werden bald die Wurstfüllung aufnehmen. Jetzt wird das Tier zerlegt. Fachmännisch. Einen Teil davon nimmt der Metzger zum Räuchern mit. Den Saukopf bekommt der Geselle. Er will ihn für sich alleine im Backofen zwischen den Schamottsteinen backen. Andere Teile legen wir in ein Holzfaß mit vorbereiteter Brühe und salzen alles kräftig. Zum Schluß wird ein mit einem Stein beschwerter Holzdeckel auf das Faß gelegt. Das gibt im Sommer saftiges, rötlich schimmerndes und auf der Zunge zergehendes Surfleisch. Schmeckt gut zum Sauerkraut, das wir vor wenigen Wochen, im Herbst, ebenfalls in einem großen Faß eingetreten haben.

Im Frühling darauf darf ich zusammen mit sehr vielen anderen Kindern meine Erstkommunion feiern. Bekleidet bin ich mit einem dunkelblauen Anzug. Kurze Hose. Weiße Kniestrümpfe. Weißes Hemd. Schwarze Halbschuhe. Ein kleines Anstecksträußchen ist am Sakko befestigt. Die Kerze in der rechten, Gebetbuch und Rosenkranz in der linken Hand, gehe ich mit Mutter und meinen Schwestern in die Kirche. Ich habe noch nichts gegessen und getrunken. Der Kommunion wegen. Und ich bin aufgeregt. Mir ist ein wenig übel. In der Stiftskirche St. Jakob, die von hinten bis vorne mit Menschen vollgepfropft ist, wird mir auch nicht besser. Als aber dann das Taufgelübde abwechslungsweise von Buben und Mädchen gesprochen wird, bin ich in Gedanken ganz bei der Sache. Ich widersage dem bösen Feinde, allen seinen Werken, aller seiner Hoffart, glaube an Jesus Christus, an den Heiligen Geist und an die heilige katholische Kirche.

Bei dem Lied „O heil'ge Seelenspeise, auf dieser Pilgerreise, o Manna, Himmelsbrot" wird mir ganz anders. Eiskalt läuft es mir über den Rücken. Ich starre in die Kerzenflamme direkt vor mir, und als ich bei der Gewissenserforschung die Augen mit den Handflächen bedecke, glaube ich ganz fest, das lächelnde Gesicht Jesu Christi zu sehen. Kurz vor der kaum noch zu erwartenden Kommunion singen wir „Jesus, Jesus, komm zu mir, o wie sehn' ich mich nach Dir" und am Ende „Nun hab' ich, was mein Herz begehrt."

Der Herr Stadtpfarrer persönlich erteilt uns Knienden den Schlußsegen, und laut erschallt das Schlußlied „Großer Gott, wir loben Dich" durch das hohe und mit Weihrauch gefüllte Kirchenschiff. Ich schwöre Jesus die lilienreine Treue mein Leben lang. Es ist ein Festtag für mich. Ich stehe im Mittelpunkt. Das gefällt mir. Niemand darf mich heute schimpfen. Alle sind freundlich und nett zu mir. Und als ich nach dem festlichen Mittagessen in einem Café in der Fraunhoferstraße einen Eisbecher mit Früchten und Sahne serviert bekomme, weine ich Freudentränen, die ich jedoch mit meinem weißen Spitzentaschentuch, in welches der Rosenkranz eingewickelt ist, ganz schnell und unauffällig wegwische.

Gläserner Krug mit Margeriten

Eifersucht: Leidenschaftliches Streben
nach Alleinbesitz der emotionalen
Zuwendungen einer Bezugsperson
oder eines Partners mit Angst
vor jedem möglichen Konkurrenten
(dtv, 1982, Band 4, S. 308)

Herbst 1949. Bei uns im zweiten Stockwerk ziehen neue Mieter ein. Die Buchners. Sie sind zu viert, er, sie, ein Junge, ein Mädchen. Sie bekommen die mittlere Wohnung. Eine Küche. Ein Schlafzimmer. Eine Kammer unter dem Schrägdach. Waschbecken und fließendes kaltes Wasser draußen auf dem stragulabedeckten Flur. Balkonmitbenutzung. Durch das Gaubenfenster läßt sich ein Blick über rotflächige Dächereien nach Westen werfen. Schon am ersten Tag kommt es zu Zwistigkeiten zwischen ihnen und Frau Heller, einer langjährigen Hausbewohnerin, deren Fenster und Balkonanteil nach Norden zeigen und die zwei Mädchen ihr Eigen nennen darf.
Frau Evi Heller hat sämtliche Aufhängeschnüre mit ihrer Leibwäsche belegt. Es ist schwarze Unterwäsche. Reizwäsche. Mit Spitzen. Und genau darum geht es: Die Kinder von Buchners, vier und sieben, sollen von diesem Anblick verschont bleiben. So wollen es die Eltern und bestehen strikt darauf, daß diese aufreizenden Kleidungsstücke abgehängt werden.
Nach vorne heraus wohnt das kinderlose Ehepaar Brück. Es mischt sich ein, ergreift Partei für die Buchners und kann Frau Heller endlich mal eines auswischen. Der Grund ist einfach. Frau Heller hat einen Freund. Czergolla Edmund heißt er. Evi ist verheiratet. Ihr Mann ist jedoch noch nicht aus französischer Gefangenschaft heimgekehrt. Und diese Liebschaft mit Czergolla Edmund nehmen ihr alle im Hause übel. Sie ist als Hure verschrien, weil sie ihren Mann mit Edmund betrügt und

hintergeht. Weil sie mit ihm ins Bett geht. Diese unverschämte Person. Dieses sündhafte Weibsstück. Alle wissen es. Aber laut sagt dies keiner.

Die Streiterei im zweiten Stock nimmt allmählich eine unerträgliche Lautstärke an. Wüste Beschimpfungen und Beleidigungen werden hin- und hergeworfen, bis Mutter eingreift. Sie kommt gerade noch rechtzeitig, um ein vielleicht größeres Unheil zu verhindern. Edmund, fast immer betrunken, kommt eben aus der Wohnung und schwingt drohend und angriffslustig eine Axt. Aber auf Mutter, die Hausfrau, wird gehört. Sie setzt sich durch. Die Türen schließen sich. Ein paar Tage wird noch nachgepokert, dann kehrt Ruhe ein und die Kinder spielen wieder miteinander. Das Ehepaar Brück schaut ihnen dabei immer sehr neidisch und teils auch verbittert zu. Gerne hätten auch sie Kinder gehabt. Sie haben es Großmutter oft geklagt. Die letzte paar Jahre haben sie dann nichts mehr gesagt. Haben sich abgefunden, alleine bleiben zu müssen.

Stets am Morgen, zwischen sieben und halb acht, holt Frau Heller ihre Semmeln bei uns im Laden. Immer vier Stück. Sie ist dabei nur mit ihrem hellblauen Bademantel bekleidet, steckt barfuß in zierlichen Pantöffelchen und ist noch nicht frisiert. Sie läßt anschreiben. Eine Stunde später jedoch geht sie, sehr elegant gekleidet und mit Stöckelschuhen an ihren schlanken Beinen, aus dem Haus.

Das geht jeden Tag so. Am Sonntagvormittag erscheint dann immer Edmund und bezahlt die Wochenschulden. So läuft das schon über ein Jahr mit diesen beiden. Auch ich kann Edmund gut leiden. Dauernd strahlt er eine ansteckende Fröhlichkeit aus. Sogar Mutter hat ihn nicht ungern, weil er sich handwerklich sehr zu helfen weiß und dabei nahezu profihaftes Geschick an den Tag legt.

Einmal verkürzt er den Treibriemen unserer Teigteilmaschine in der Backstube, dann legt er brüchig gewordene Stromleitungen neu und teilweise sogar unter Verputz oder er verlegt neue Fliesen im Backhaus. Immer ist er zu gebrauchen, immer sagt er ja, immer ist er lustig, und immer erhält er für seine Arbeiten ein dickes Stück Brot und eine Scheibe von unserem selbstgeräucherten Schweinefleisch. Er kaut dabei immer sehr geräuschvoll und spricht mit vollem Mund. Ich darf dann Eddi zu ihm sagen.

Jeden Samstagmittag, wenn Edmund die Schulden seiner Geliebten bezahlt hat, gehe ich mit meinem Freund Helmut, Heller Evi und Edmund in unser Kellergewölbe, das sich neben der Mehlkammer unter dem Backhaus befindet. Wir haben zwei Kerzen dabei, denn elektrisches Licht gibt es dort unten nicht. Eddi hat zwei große Plakate an die Ziegelsteine geklebt, mit flüssigem Mehlteig.

Das eine Bild zeigt einen blonden Buben, hinter dem ein auf mich gespensterhaft wirkendes Hitlergesicht aufgemalt ist. Darüber steht „Jugend dient dem Führer" und auf der Brust des Jungen kann man „Alle Zehnjährigen in die HJ" lesen.

Das andere Plakat ist uns sehr bekannt, weil ein ähnliches jahrelang als gerahmtes Bild in unserem Wohnzimmer hing. Es ist braun, zeigt Adolf Hitler, der den rechten Arm in die Seite stemmt und den linken, zu einer leichten Faust geballt, an sein Sakko drückt. Unter dem Bild steht geschrieben: „Ein Volk, ein Reich, ein Führer".

Edmund hat damals aus Papier, mit Bleistift und roter Farbe zeichnerisch dargestellt, eine Zielscheibe gebastelt, nicht größer als ein Markstück. Und diese Scheibe hat er in das linke Auge des Führers geklebt. Jeden Samstag zielen wir mit Teigkügelchen auf diese Zielscheibe, jeder zehnmal. Wer das linke Auge des Führers am häufigsten trifft, und zwar so, daß die Kugel kleben bleibt, erhält von Eddi einen Kaugummi oder eine kleine Tüte mit Waffelbruch. Er verspricht uns auch immer wieder, daß wir später, wenn wir größer sind, anstelle dieser Süßigkeiten Zigaretten bekämen. Aber zu diesem Später ist es nicht mehr gekommen.

Es ist kurz vor Weihnachten. Die Haustürglocke läutet unentwegt, und jemand schlägt ununterbrochen und mit den Fäusten gegen die dicke Holztüre, daß das ganze Haus zu dröhnen scheint. Es ist Edmund. Sternhagelvoll. Besoffen. Niemand öffnet ihm. Da schlägt er das kleine Guckfenster ein und schließt sich die Türe selbst von innen auf. Wir hören ihn die Treppe hinaufpoltern. Oben ertönt dann ein Mordsgeschrei. Ein Scheppern. Er verprügelt seine Freundin. Vermöbelt sie so richtig. Nach geraumer Zeit läuft er, mehr stolpernd als gehend, die Stufen herunter und verläßt schreiend und fluchend das Haus.

Frau Heller soll die zerbrochene Glasscheibe bezahlen, ist jedoch finanziell dazu nicht in der Lage. Mutter besteht nicht länger darauf und alles beruhigt sich. Zunächst.

Als jedoch Frau Heller drei Wochen später einen neuen Freund anschleppt und sich zu dessen Empfang unser Wohnzimmer zu leihen nehmen möchte, wird es Mutter zuviel. Es kommt zum Streit. Zum Bruch. Frau Heller zieht aus. Von heute auf morgen. Ohne Kündigung. Mutter ist dies egal. Da ist sie großzügig. Hauptsache, es wird wieder ruhiger im Haus.

Nach langen Monaten besucht uns Edmund wieder überraschend und will die beiden Plakate aus dem Gewölbe haben. Diese jedoch sind derart fest mit den Gewölbeziegeln verbunden, daß er sie nicht mehr im Ganzen entfernen kann. So reißt er Stück für Stück herunter, in Pfennigstückgröße, bis fast nichts mehr an den Wänden klebt. Nur verhärteter Mehlpapp. Es kommt uns vor, als wolle er seine Vergangenheit in tausend Stücke zerreißen. Bei jedem noch so kleinen Fetzen, den er entfernen kann, flucht Edmund Czergolla. Ganz leise. Fast geflüstert.

Am darauffolgenden Tag hängt ein trister, regnerischer Vormittag über der kleinen Stadt, lockt die Donaunebel in alle Gassen und Winkel und überzieht die Pflastersteine mit glitschiger Nässe. Die Schule ist beendet, und ich gehe, am Schulranzen baumelt und scheppert das Eßgeschirr für die Schulspeisung, die wenigen Schritte nach Hause in das Bäckerhaus meiner Großeltern, in welches wir bereits im August des vergangenen Jahres umgezogen sind.

Großmutters Zuckerkrankheit schreitet unablässig voran, trotz täglicher Selbstspritzung mit Insulin und täglicher Kühlung des offenen Beines im frischen Wasser aus der Quelle bei den Fischkaltern. Jeden Abend holen wir ihr eine Kanne oder einen Kübel davon, mit Ausnahme im Winter. Auch Großvater wird sichtlich gereizter und nervöser, dreht bei geringsten Kleinigkeiten durch, schreit und flucht, was er früher eigentlich nie getan hat.

Die Großeltern sind einfach überarbeitet, überfordert, haben vom Rackern und Schuften die Nase voll. Das tägliche sehr frühe Aufstehen und das Arbeiten den ganzen Tag über bis in die späte Nacht hinein, in der dann noch das Kleingeld und die Brot-, Hefe- und Mehlverkäufe abgerechnet und aufgeschrieben werden, zehrt an ohnehin nicht mehr allzu starken Nerven und geschwächter Substanz.

Die Gesellen mucken auf, wenn das Essen zu wenig oder gar zu schlecht zu sein scheint, die Lehrlinge machen es ihnen nach, und auch dieser alltägliche Kampf wird den Großeltern zuviel. Immer öfter beschweren sich nun auch die von uns belieferten Kleinhandelsgeschäfte und Krämer, daß die Semmeln zu flach, die Brotkruste viel zu hart oder manches Gebäck zu süß oder gar versalzen ist. Es ist ein Kampf auf mehreren und auch verschiedenen Ebenen. Die Großeltern können momentan einfach nicht mehr, und so tut es ihnen sichtlich gut, wenn Mutter und ein wenig auch ich schon dazuhelfen, ihnen beistehen und sie unterstützen.

Während Mutter vormittags im Geschäft steht, die Gesellen und Lehrlinge in Schach hält und diszipliniert, mit den Kunden freundliche Worte wechselt, um deren Kaufgunst zu erhalten, bin nachmittags meist ich zwei bis drei Stunden im Laden und erledige neben dem Verkauf meine Hausaufgaben so recht und schlecht. Alles ist reguliert, alles läuft, bis Mutter sich eines Tages verändert. Wir Kinder bemerken es nicht nach und nach, sondern sofort, mit intuitivem Instinkt und feinem Gespür. Ihre Veränderung macht uns seltsam neugierig, aber auch äußerst unsicher und ungewöhnlich ängstlich. Wir beobachten es: Immer wenn die Ladenglocke läutet, und ein gewisser Mensch, ein Mann, den Laden betritt, lächelt Mutter auf sehr liebenswürdige und buhlende Weise, läßt ihre Hand sehr lange in der seinen, spricht manchmal leise und, wenn sie eines von uns Kindern in der Nähe vermutet oder auch sieht, fängt sie plötzlich an zu flüstern. Hat sie ein Geheimnis mit ihm, ein Geheimnis vor uns?

Wir werden eifersüchtig, wollen wissen, wer dieser Mensch ist und was er von unserer Mutter eigentlich will. Irgendwann sehen wir ihn vom Haus weggehen. Er hinkt. Er hat ein künstliches Bein. Es quietscht ganz leise. Er geht, als ob er mit dem linken Bein immer hochspringen möchte. Anscheinend hat er heute etwas vergessen, denn Mutter ruft ihm nach und bei seinem Namen. Er heißt Herr Laan. Zuweilen bringt er ein Blumenbild mit. In Öl. Meist sind es Sonnenblumen in einer hellblauen Steingutvase. Dieses Motiv liebt er anscheinend besonders.

Einmal bringt er auch ein Bild mit, das einen gläsernen Krug mit aufgemalten Margeriten, Mohn- und Kornblumen zeigt. Und plötzlich hängt ein solches Gemälde in unserem Wohnzimmer. Wir hassen es, sagen aber nichts. Wir leiden, lassen es uns jedoch nicht anmerken. Vielleicht, so trösten wir uns, will er gar nichts Besonderes oder Ernsthaftes von unserer Mutter. Vielleicht ist er einsam wie sie. Wir fürchten, daß Mutter ihn eines Tages doch heiratet und von uns weggeht.

In diese Idee steigern wir uns hinein. Täglich ein bißchen mehr. Wir verrennen uns. Einmal sagt Mutter, sie gehe weg, wenn wir nicht brav und folgsam seien. Die Eifersucht windet sich wie eine Schlingpflanze um unsere Herzen und Leiber, droht uns zu ersticken, will uns die Luft wegnehmen, dringt in unsere Gehirne, lähmt unsere Gedanken. Wenn alle schlafen, kriechen wir Kinder nachts in ein Bett, drängen uns eng zusammen, weinen gemeinsam. Wir haben immer noch das qualvolle und pergamentartige Antlitz unserer Mutter vor unserem innern Auge, als sie die Botschaft vom tragischen Rußlandtod ihres Mannes erhielt. Dies Bild hat sich in unsere Köpfe wie ein Siegel in Schellack eingeprägt, hineingefressen. Und das steckt in uns und kommt jetzt in Verbindung mit Herrn Laan wieder aus uns heraus. Wie ein nicht geliebtes Gewächs. Unkraut der Seele.

Verlustangst macht sich jetzt in uns breit, schleicht wie Giftgas durchs ganze Haus, setzt sich überall fest, verpestet das Klima, nagt. Alles scheint uns plötzlich suspekt, unglaubhaft, vergänglich. Wir können jedoch unseren Zustand nicht ausdrücken, niemandem erzählen, müssen alles für uns behalten aus Furcht vor dem Ausgelachtwerden, vor einer todsicheren Blamage.

Da fällt mir unser bauchiger Glaskrug ein, der hinter der Glasscheibe unseres Wohnzimmerschrankaufsatzes steht. Ich hole ihn und verstecke ihn unter meiner Bettzudecke. Dann fahre ich mit meinem roten Rad über Kagers hinaus an die Donau und pflücke im Wittmannfeld purpurrote Mohnblumen, schneeweiße Margeriten und himmelblaue Kornblumen. Die stecke ich zu Hause in den Krug. Ich warte.

Es wird Abend. Nacht. Leise schleiche ich auf den Balkon und lasse den blumengefüllten Krug vom zweiten Stock hinunter in den Innenhof fallen. Beim Aufprall gibt es einen lauten, explosionsartigen Knall. Diesem folgt ein Scherbenregen. Mit der großen Taschenlampe sehe ich es: Der Glashenkel liegt im Eck beim Schweinestall, die Blumen bei der Hühnerstalltüre. Mir wird sehr leicht zumute. Irgendwie fühle ich mich von einem unheimlichen Druck erlöst. Schnell laufe ich leise die Holztreppe hinab, kehre die Splitter auf, werfe sie samt dem Strauß über die Mauer.

Am nächsten Morgen erzähle ich alles meiner älteren Schwester Brigitte. Sie freut sich mit mir, soweit sie es versteht, und hält vor allem dicht. Wir haben das unaussprechliche Gefühl, daß uns eine Art von Rache geglückt ist und wir im wahrsten Sinne des Wortes einem Scherbengericht entronnen sind, da anscheinend niemand etwas von der Zerstörung des Glaskruges bemerkt hat.

Endlich haben wir wieder Oberwasser. Herr Laan und seine Ölbilder können uns gestohlen bleiben. Immer und immer wieder fragt Mutter nach dem Glaskrug, aber nicht uns, sondern das Dienstmädchen und die Eltern. Keiner weiß etwas. Wir wissen nichts, wir verraten nichts. Wir schweigen. Und es ist dann tatsächlich so, als ob wir Schicksal gespielt hätten: Herr Laan, der Sonnenblumenmaler, kommt nicht mehr.

Ob Mutter doch etwas geahnt und letztendlich uns die Treue gehalten hat? Ich hätte es ihr fast nicht zugetraut. Aber Hauptsache ist: Das Befürchtete, das Weggehen, das angedrohte Verschwinden unserer Mutter ist ausgeblieben, ist nicht eingetroffen. Wir mußten diesen Kelch nicht trinken. Er ist an uns vorübergegangen.

Aber von da an habe ich niemandem mehr so recht getraut. Ich bin vorsichtiger geworden. Zurückhaltender. Und ein bißchen was davon ist geblieben. Bis heute. Ist immer noch da.

Plötzlicher Wintereinbruch. Es ist kalt. Bitter kalt. Eiskalt. Es scheint, als ob beim Sprechen die Worte in der Luft erfrören. Mit Freunden aus der Schule komme ich vom Schlittschuhlaufen nach Hause. Ich blute am Daumen. Beim Entfernen der Schlittschuhe von den Stiefeln mit dem Schraubschlüssel habe ich mich etwas verletzt. Als ich eben mit meinem Mund das Blut aus der kaum sichtbaren Wunde sauge, steht Mutter neben mir und fragt, wo meine kleine Schwester sei. Ich hätte sie doch sehen müssen, weil sie mir entgegengegangen sei, zum Eisweiher beim Pulverturm. Wir sehen uns an.

Ich habe verstanden. Ich laufe hinunter in die Anlage, durch den Park, den Bach entlang. Monika ist nicht zu sehen. Ich rufe, schreie ihren Namen. Es wird schon düster. Mikroskopisch kleine Eiskristalle schweben flirrend und glitzernd langsam auf die gefrorene Erde. Ich friere. Nochmals kehre ich um und laufe den Weg zum zweiten Male, auch diesmal ohne Erfolg. Der Erdboden wird glatt und rutschig.

Als ich wieder heimkomme, ist Mutter bereits angezogen und sagt, sie gehe zur Militärpolizei, und ich solle mitkommen. Wir gehen die Fraunhoferstraße hinauf, überqueren den Stadtplatz. Da sagt Mutter auf einmal: „Schau hin, da kommt sie ja! Aber wieso von dort aus der Steinergasse?"

Monika erblickt uns, lächelt etwas verkrampft und läuft auf uns zu. Mutter fragt sie aus, aber meine Schwester sagt zunächst nichts. Aber dann kommt es: „Ein Mann hat mich vom Pulverturm bis herauf zum Park beim Kindergarten begleitet." „Welcher Mann?", will Mutter wissen. Aber da kommen zwei ältere Frauen und sagen, sie hätten dieses Mädchen, und zeigen dabei auf meine Schwester, mit einem amerikanischen Soldaten im Park gesehen. Sie hätten dessen Nationalität nur an seiner Uniform erkannt. Klein sei er gewesen und einen Schnauzbart habe er gehabt. Mehr hätten sie in der Düsternis nicht gesehen. Leider.

Wir nehmen Monika in die Mitte und gehen zur MP. Freundlich empfängt man uns, will Mutters Personalien. Behutsam spricht ein höherer Offizier mit meiner Schwester. Wirklich äußerst vorsichtig. Ein anderer Bediensteter schreibt mit. Und Monika erzählt: Ein Mann sei mit ihr hinter einen Strauch gegangen und habe sie gestreichelt. „Wo?",wollte der Offizier wissen. Monika zeigt auf ihr Gesicht und ihre Knie. Dann auf ihren Bauch. Der Fragende wird stutzig, spricht etwas für uns nicht Verständliches zum Protokollführer. Wir sollen morgen wieder kommen, heißt es dann. Zur Gegenüberstellung.

Am anderen Tag muß Monika aus fünf vorgeführten Soldaten den gesuchten Amerikaner herausfinden. Durch ein Glasfenster. Und dies gleich dreimal hintereinander. Und sie schafft es, obwohl der Schnauzbart des Verdächtigen über Nacht wegrasiert worden war.

Die nächsten Wochen begleitet immer jemand vom Haus, sei es ein Dienstmädchen oder ein Lehrbub, meine Schwester, wenn sie in den Kindergarten geht. Bald verliert sich ihre anfängliche und verständliche Angst. Später erfahren wir, daß der Täter unehrenhaft aus der amerikanischen Armee entlassen und bestraft wurde.

Gefrorene Kornäpfel

Keine Freude gleicht der Wonne,
Die uns heut die Brust bewegt;
Freundlich strahlt des Glückes Sonne
in das Herz, das für Dich schlägt.
Kindlich nahen sich die Deinen,
Heiße Wünsche Dir zu weihn,
Und Du weißt, wie wir es meinem,
Weißt, wie gern wir Dich erfreun.
O, daß immer Dich begleite
Fried und Freude, Heil und Glück;
Oft noch kehre uns wie heute
Dieser schöne Tag zurück!
Dir in diesem Pilgerleben
Blumen auf den Pfad zu streun,
Soll auch künftig unser Streben,
Unsre liebste Sorge sein.
(Aus: Das rote Glückwunschbüchlein von J.J. Liessem,
Verlag J.P. Bachem G.m.b.H. Köln; 42. – 46. Auflage;
Seite 38, Nr. 136)

„Jetzt bin ich aber froh, ja direkt glücklich", lächelt Großmutter erleichtert, „daß nun endlich Schluß ist mit diesen blöden Lebensmittelmarken! Was haben wir sie jahrelang abgeschnitten, aufgeklebt, abgeliefert und eingetauscht. Es wird nun alles ein bißchen leichter werden. Vielleicht geht es jetzt mit der Wirtschaft in Deutschland auch schneller aufwärts. Wir könnten's ja alle gut gebrauchen!"
Diese Wunschgedanken von Großmutter höre ich noch, als ich die Küche betrete. Ich habe einen langen Ausflug hinter mich gebracht und bin etwas angeschlagen und ermüdet.
Dicker, zuckerweißer Rauhreif überzieht die sich im Nordwind wiegenden Haselnußstauden am Donauufer nahe der Ort-

schaft Öberau. Treibeis fließt müde in Richtung Stadt. Wirklich weit bin ich heute schon gegangen, heute, an meinem zehnten Geburtstag, am fünften Januar 1950. Wieder heimwärts wandernd, komme ich am Honiggarten vorbei. Gefrorene Kornäpfel stecken noch an den totenhandknöchrigen Zweigen. Niemand hat das Obst abgenommen, trotz der immer noch schlechten Zeit. Oder war es wirklich schon wieder erträglicher geworden?

Wir backen und verkaufen seit kurzem wieder weiße Semmeln, aber roggene gibt es natürlich auch noch.

Ich komme heim, durchgefroren, und wärme meine Hände an den heißen Kacheln des Backofens. Unsere rote Katze schielt durch das angelaufene und teils mit Eisblumen überzogene Fenster nach Spatzen, die auf der Straße um Pferdeäpfel streiten und lauthals dabei tschilpen. Die Kotballen rauchen und riechen angenehm. Nach Stall, nach Wärme, nach Geborgenheit.

Mutter betritt die Backstube. Sie nimmt mich auf ihren Schoß. Das kommt in den vergangenen Wochen jetzt des öfteren vor. Sie sagt, daß sie mir heute an meinem ersten zweistelligen Geburtstag endlich etwas über meinen Vater erzählen möchte, über ihren Mann, der im Ural als Kriegsgefangener gestorben ist. Vor zwei Jahren mußte sie das erfahren. Eine so lange Zeit hat sie anscheinend benötigt, bis sie mit jemandem ein bißchen darüber reden will. Und dieser Jemand bin nun ich.

1936 lernt sie den Obervormann Ulrich Raab kennen, der in Rain, in der Nähe Straubings, als gelernter Kaufmann beim Reichsarbeitsdienst für eine geordnete und reibungslose Lebensmittelbeschaffung der Lagermannschaft zuständig zeichnet. So jedenfalls hat er es ihr erzählt, schränkt Mutter ein. Als Zimmerherr in der Bäckerei Bogner fühlt er sich anscheinend äußerst wohl, weil er sie gerne sieht. Sie. Die Agnes.

Sehr bald wird Ulrich zum außerplanmäßigen Truppführer, Ende 1937 durch Gaubebefehl Nr. 289 dann zum Obertruppführer befördert. Ganz stolz sei sie damals schon auf ihn gewesen, fügt Mutter hinzu. Und stattlich habe er ausgesehen, der Ulrich, in seiner Arbeitsdienstuniform. Direkt zum Verlieben.

Ulrich kommt täglich abends nach Dienstschluß in das Bäckerhaus, versteht sich gut mit seinen zukünftigen Schwiegereltern, spielt mit ihnen Schafkopf oder einen Dreiertarock und geht auch des öfteren mit seiner Agnes zum Tanzen. Die beiden sind ein Herz und eine Seele und wollen heiraten. Heiraten, Kinder kriegen, im Arbeitsdienst rangmäßig aufsteigen, damit man sich sehen lassen kann vor der Straubinger Gesellschaft. Sie braucht keinen Straubinger zu heiraten, sondern liebt einen Rheinländer. Das freut sie. Freut sie deshalb, weil es die anderen Freier ärgert, von ihr stehengelassen worden zu sein. Sie ist stolz. Sehr stolz. Und eitel. Aber in dieser blühenden Jugend darf man das schon sein.

Großmutter ist zunächst strikt gegen diese Vermählungsabsicht, da Ulrich den evangelischen Glauben besitzt. Als jedoch der jetzige R.A.D.- Unterführer eines Abends einen kleinen Rest von Blaukraut aus dem Topf kratzt und ißt, um weiteres Geschirr zu sparen, ist auch das Herz dieser Frau gewonnen. Und als das angehende Paar Großmutter hoch und heilig verspricht, eventuell aus der Ehe hervorgehende Kinder katholisch taufen zu lassen und auch in diesem Glauben zu erziehen, ist alles klar. Die Freude ist groß. Sie tanzen in der Backstube im Rhythmus einer lauten zackigen Marschmusik aus dem Volksempfänger. Kurz darauf, berichtet Mutter, hätten sie dann in der Küche den „blue tango" aufs Parkett gelegt.

Zum Vermählen benötigen sie eine ärztliche Bestätigung. Nach Vorlage der arischen Nachweise erhalten sie folgenden amtlichen Schein:

„Der Obertruppführer beim R.A.D., Abteilung 3/294, Ulrich Raab, geb am 24.06.1910 in Worms/Rhein, wohnhaft in Rain (RAD), und Fräulein Agnes Bogner, geb. am 23.10.1912, wohnhaft in Straubing, wurden heute auf ihre Ehetauglichkeit untersucht. Ehehindernisse im Sinne des Gesetzes zum

Schutze der Erbgesundheit des Deutschen Volkes liegen nicht vor (Ehegesetz vom 18.10.1935). Gebühr 6.-RM bezahlt. Burger, Staatliches Gesundheitsamt Straubing."

Sie zeigt mir ein anderes, mit Schreibmaschine verfaßtes Dokument mit Stempel und Unterschrift. Darüber steht geschriebe: „Arischer Nachweis". „Siehst du," sagt sie, „dein Vater stammt aus Worms", und sie legt die entsprechende Landkarte auf die Arbeitsfläche, „das liegt am deutschen Rhein. 1910 kam dort dein Vater auf die Welt, fast genau vier Jahre vor Beginn des ersten Weltkrieges. Sein Vater war königlich-preußischer Lotterieeinnehmer, seine Mutter hieß Elsa-Maria."

Ich stutze. Erster Weltkrieg? Gab es da schon einen, als Vater noch ein kleines Kind war? Führen denn die Menschen immer noch Kriege? Und warum? Ich bin noch verängstigt vom letzten Krieg, der erst vor fünf Jahren zu Ende ging. Zu Ende? Jetzt kann ich das mit Recht und einer Menge Angst denken: Wann kommt der nächste? Entsetzen steigt in mir hoch. Ich höre wieder die Luftschutzsirenen, das dumpfe Grollen der Bomber, das singende Fluggeräusch der Bomben, den brüllenden Einschlag, das Schreien der Kinder im Luftschutzkeller.

Mutters Mund nähert sich meinem Ohr. Sie liest mir leise den Anfang eines handgeschriebenen Lebenslaufes meines Vaters vor, den er offensichtlich zur Vorlage bei Behörden oder für Bewerbungen benötigt hatte. Doch unvermittelt legt sie das Schreiben hin und beginnt, ganz langsam und ruhig, zu Ende zu erzählen:

Am 31. Januar 1939 findet die Hochzeit in der Stiftskirche St. Jakob zu Straubing statt, natürlich im katholischen Ritus. Am 5. Januar 1940 erblicke ich im Monikaheim das Licht der Welt. Mitten im Krieg. Vater soll vor lauter Freude, daß ich ein Junge geworden bin, so laut geschrien haben, daß alle Hausbewohner zusammengelaufen sind und gefragt haben, ob etwas Schlimmes geschehen oder ob gar jemand gestorben sei.

Im März 1947 erhält sie folgende amtliche Mitteilung, Ulrich betreffend, dessen Schicksal ihr bis dahin immer noch nicht bekannt ist:

„Der öffentliche Kläger bei der Spruchkammer Straubing Stadt und Land: Weihnachtsamnestie. Aufgrund der Angaben in Ihrem Meldebogen sind Sie von dem Gesetz zur Befreiung vom Nationalsozialismus und Militarismus vom 5. März 1946 nicht betroffen. Straubing, 24. März 1947. Gez. Arendt."

Erst zehn Jahre später, am 25. März 1957, erhält Agnes vom Stadtrat Straubing – Amtliche Fürsorgestelle für Kriegsbeschädigte und Kriegshinterbliebene – folgenden Bescheid bezüglich einer lange erwarteten Kriegsgefangenenentschädigung:

„An die Erben des ehemaligen Kriegsgefangenen Ulrich Raab, gestorben am 18.02.1947, Frau Agnes Raab, zugleich gesetzliche Vertreterin ihrer drei minderjärigen Kinder in Straubing.

Hiermit erhalten Sie Bescheid über die Feststellung des Anspruches auf Entschädigung nach dem Gesetz über die Entschädigung ehemaliger deutscher Kriegsgefangener – KgfEG – vom 10.01.1954. Es wird folgende Entscheidung getroffen:

1. Als die Zeit des Festhaltens im ausländischen Gewahrsam (Kriegsgefangenschaft) wird anerkannt die Zeit vom Mai 1945 bis zum Februar 1947.

2. Gemäß § 3 KgfEG steht folgende Entschädigung zu: Für die Zeit vom 01.01.1947 bis zum 18.02.1947 = 2 Entschädigungsmonate zu je DM 30.-DM = 60.- DM Entschädigungsbetrag.

Gründe dafür: Ist der Kriegsgefangene in ausländischem Gewahrsam gestorben, so steht seinen Erben, wenn diese seine Ehefrau, seine Kinder oder seine Eltern sind, Anspruch auf Entschädigung zu, wie ihn der ehemalige Kriegsgefangene hätte, wenn das Gesetz zum Zeitpunkt seines Todes bereits in Kraft gewesen wäre.

Laut Erbschein des Amtsgerichts Straubing wurde der ehemalige Kriegsgefangene von seiner Ehefrau und den drei Kindern zu je einem Viertel beerbt, so daß jeder Erbberechtigte einen Teilbetrag von 15.- DM erhält.

Da die Kinder noch minderjährig sind, wird ihr Anteil an die Mutter als gesetzliche Vertreterin ausbezahlt. Aufgrund der ermittelten wirtschaftlichen Verhältnisse wurden sie in die Dringlichkeitsstufe 20 eingereiht, die bereits zur Auszahlung freigegeben ist. I.A.Dreier, Oberrechtsrat."

Ich sehe meine Mutter noch heute vor mir stehen, mit ungläubigen Augen. Sie schüttelt unentwegt den Kopf. Und nachdem sie diese Zeilen zu Ende gelesen hat, wirft sie Brief und Kuvert auf den Boden und bricht in schallendes, höhnisches Gelächter aus.

„Jetzt seht ihr, was ein Mensch wert ist. Jetzt habt ihr gehört, was uns Ulrich hinterlassen hat. Fünfzehn verdammte Mark für jeden! Ach, wie großzügig! Einfach wunderbar! So billig ist der Mensch! So billig!"

Sie schreit es heraus. Wird leiser. Verschluckt die Endsilben. Weint. Erst laut. Dann leise. Schweigt. Geht stumm zu uns her. Streichelt uns. Preßt unsere drei Köpfe an ihre Brust. Aber ihre Gedanken sind woanders. Wir merken es wie immer an ihren Augen. Diese blicken in unendliche Fernen. Vielleicht bis in den Ural. Bis nach Sibirien. Oder noch viel weiter.

Das Lächeln des Stromes

Es ist ein Schnitter, heißt der Tod,
hat G'walt vom großen Gott;
heut' wetzt er das Messer,
es schneidt' schon viel besser,
bald wird er d'reinschneiden,
wir müssen's nur leiden.
Hüt' dich, schön's Blümelein!
Was heut' noch grün und frisch dasteht,
wird morgen weggemäht:
Die edel Narzissel,
die englische Schlüssel,
die schön' Hyazinthen,
die türkischen Winden.
Hüt' dich, schön's Blümelein!

(Fliegendes Blatt, Regensburg 1638)

Ein heißer Hochsommertag. Über den Kastanienbäumen, die den Allachbach entlang wachsen, flirren flimmernde Hitzeschwaden. Ich packe das Bäckerfahrrad und radle über Kagers hinauf nach Öberau, weil dort ein langgezogener Kiesstrand zum Sonnen und die breite Donaukurve zum Schwimmen und zur Abkühlung einladen. Die Sonne brennt gleißend ins Wasser. Blumen, Wolken und Schmetterlinge spiegeln sich in diesem, und es ist mir zumute, als würde mich der Strom mit seinen gurgelnden Wasserspielen anlächeln und zum Untertauchen überreden wollen.

Ich starre eben geistesabwesend auf einen in meiner Handschale liegenden gelbmarmorierten Stein, als mich die Erscheinung eines blonden Mädchens, das nach der Uhrzeit frägt, aus meinen Gedanken aufschreckt. Sie hält einen hölzernen Rechen in ihrer Hand und hat soeben ihre Arbeit auf der Wiese vor den beiden Bauernhöfen neben der Rokokokirche beendet.

Jetzt erblicke ich mehrere Frauen und Mädchen. Wir gehen auf sie zu und kommen stockend ins Gespräch. Das blonde Mädchen erzählt ungefragt und langsam, daß es schon vor ein paar Jahren mit ihrer Mutter aus Oderberg, in der Nähe von Mährisch Ostrau, gekommen sei. Sie mußten flüchten. Damals. Und hier haben sie, Gott sei es gedankt, Unterkunft und Arbeit gefunden. Ich höre ihr interessiert zu. Sie tut mir leid. Wir vereinbaren ein Treffen an derselben Stelle für morgen. Ich habe vor, ihr dann frisches Brot, Zuckerhörnchen und Pfefferminzkugeln aus unserer Bäckerei mitzubringen.

Es klappt. Schon am nächsten Nachmittag. Sie freut sich wie ein kleines Kind. Tränen schwimmen in ihren hellblau-wäßrigen Augen. Sie streichelt mich. Wie man sein Kind oder seinen Bruder streichelt. Auch ich versuche etwas ungeschickt, mit meiner leicht zitternden Hand über ihr golden schimmerndes Haar zu streichen. Wir wissen momentan nicht, wie uns geschieht. Wir umarmen uns wie Geschwister, die sich jahrelang nicht mehr gesehen haben. Nicht nur in diesen Zeiten bereiten körperliche und seelische Wärme Wohlbehagen. Erst jetzt frage ich sie nach ihrem Namen. Sie heißt Greta. Aber da schreit man schon wieder nach ihr. Wirsch und unfreundlich. Wie man einer Sklavin etwas befiehlt. Sie solle gefälligst wieder arbeiten. Bald käme der Abend. Sie läuft schnell weg, springt wie eine Gazelle. Ich schaue ihr noch nach. Dann fahre ich nach Hause. Schon jetzt habe ich Sehnsucht nach ihr. Nach Greta. Am nächsten Tag ist Sonntag.

Ich weiß jetzt, wo sie wohnt. Beim Schlegl in Öberau. Gegen Abend komme ich an. Niemand bewegt sich im Freien. Da betrete ich mutig das Haus. Als ich mich an die Dunkelheit gewöhnt habe, sehe ich viele Menschen wie aufgereiht um den Tisch hocken und mich feindlich anstarren. Als ich jedoch meine Mitbringsel auspacke und auf die Tischplatte lege, lockern sich die Mienen. Auch Gretas Mutter sitzt da. Sie kennt mich anscheinend, sagt aber kein Wort. Neben ihr lümmelt ein fetter Kerl und sagt zu mir: „Da hat mal einer ganz klar gesagt ‚Was nicht gute Rasse ist auf dieser Welt, ist Spreu'. Verstehst du? Wir sind Spreu. Und du?"

„Halt deine Klappe", sagt die Frau. Und zu mir gewandt: „Er kann sie einfach nicht vergessen. Die Schrecken der Flucht."

Wieder Schweigen. Dann bricht es plötzlich aus ihr heraus, wie aus einer sprudelnden Quelle: „Es war schon von einigen Jahren. In Oderberg. Die Front rückte immer näher. Wir Frauen und Kinder mußten weg. Schnell weg. Nach Mährisch – Schönberg. Lange hausten wir dort in einem Massenlager. In einer Turnhalle. Zum Schlafen gab es nur Strohlager. Dennoch waren wir darüber sehr glücklich. Ein Dach über dem Kopf war damals etwas Wunderbares. Ende April kamen dann zum ersten Male Soldaten bei uns vorbei. Deutsche. Sie waren abgekämpft, müde, verstört. Wir schenkten ihnen Brot und Wasser. Sie waren sehr dankbar dafür."

Hier unterbricht sie, weil der Mensch neben ihr anfängt, laut zu singen: „Es ist ein Schnitter, heißt der Tod, hat G'walt..."

„Sei endlich ruhig", schreit sie ihn an. Mir wird allmählich alles peinlich. Ein unbestimmtes Angstgefühl bemächtigt sich meines Rückens. Steigt immer höher. Erreicht den Nacken. Ich möchte gehen. „Nein, du bleibst jetzt", sagt die Frau, „du mußt noch ein bißchen zuhören."

Sie drückt mich auf den Holzstuhl. „Wir Deutschen haben nichts gegen die Tschechen gehabt. Überhaupt nichts. Plötzlich sollen wir Feinde gewesen sein. Ich verstehe das nicht. Oft haben wir Feste miteinander gefeiert, haben uns gegenseitig und gerne ausgeholfen mit Lebensmitteln. Wir haben auch viel gelacht."

Sie schneuzt in ein blaues Taschentuch. Die Bauernleute erheben sich schweigend und gehen hinauf in ihre Schlafkammer. Auch der fette Kerl verzieht sich nach hinten. Wir sind nun zu dritt. Gretas Mutter erzählt weiter: „Es gab auch öfters Fliegeralarm. Scheiben zerbrachen. Wir haben die Fenster mit

Papier zugeklebt. An Ostern kamen Leute aus Brünn. Sie erzählten von den Zerstörungen, die Kampfflieger angerichtet hatten. Straßen waren aufgerissen, Häuser kaputt. Dächer völlig abgedeckt. Am Straßenrand lagen zerstörte Autos und andere Gefährte.

Einmal sahen wir eine Frau neben dem Wagen liegen. Sie hatte Fieber. Wir konnten ihr jedoch nicht helfen. Wir mußten immer weiter. Zuletzt waren wir in einer zerbombten Schule untergebracht. Wir waren hungrig, haben dauernd gefroren. Die Kinder haben immer nur vor sich hingeweint. Ständig. Monoton. Ganz leise. Wir sind alle sehr ungerecht und gemein behandelt worden. Man hat uns aus unserer Heimat vertrieben. Einfach so. Aber so ist der Krieg: Unbarmherzig. Brutal. Und jetzt sind wir hier. Schon lange. Aber Greta muß endlich lernen zu vergessen." Dann bläst die Frau die Stearinkerze aus und läßt uns im Dunkeln sitzen. Alleine.

Ich nehme Gretas Hand. Wir schlendern über die frisch gemähte Wiese zum nächtlichen Kiesstrand. Sommerduftendes Heu verfängt sich zwischen unseren Zehen. Direkt am Ufer des Flusses gibt es feinen, zuckrigen Sand. Wir legen uns nieder, halb im Trockenen, die Füße bis zu den Knien im kühlenden Donauwasser. Totale Stille. Nur zuweilen ein helles Gurgeln in den kleinen Strudeln des Stromes. Es riecht nach Lehm und Moder. Frische Sommerluft läßt die Weidenblätter in eine Richtung zeigen. Wir können das im Mondlicht sehen. Schon längst haben sich unsere Hände gefunden. Ich spüre Gretas Arm. Ganz nahe. Heiß. Ganz romantisch. Unverfälscht. Ehrlich. Und unverhofft. Wir denken uns jedoch wenig dabei. Wir sind ja noch Kinder. Aber ein unbekanntes Gefühl der Geborgenheit tut sich auf. Noch lange lauschen wir in die Sommernacht.

„Ich will nicht nach Hause", flüstert das Mädchen. Wir holen mein Rad. Greta setzt sich auf die Radstange. Wir fahren den Donaudamm entlang. Zu mir. In der Küche neben dem Verkaufsladen steht über der Türe auf einem kleinen Holzpodest ein Radiogerät. Ich schalte es ein. Es geht auf Mitternacht zu. Eine Hawai-Gitarre spielt dehnend und eigentümlich vibrierend die Melodie „West of Samoa". Wir sitzen ganz still da und lauschen auf die für uns noch so fremdartige Musik. Dann versuche ich zu tanzen. Es gelingt jedoch nicht. Es ist wieder mal die Sehnsucht nach Wärme. Bei dem Lied „Ganz Paris träumt von der Liebe" ist Schluß mit der heimlichen Romantik. Die Bäckergesellen erwachen vom Schlaf und poltern die ausgetretene Holztreppe herauf. Wir können uns gerade noch davonschleichen. Den einen Burschen hören wir noch fluchen. Er wundert sich, daß das Radio läuft. Mitten in der Nacht.

Ich fahre Greta wieder nach Oberau. Vor dem Bauernhof springt sie ab und läuft, ohne etwas zu sagen, auf die Haustüre zu. Ich muß nochmal an den Donaustrand, an unsere Stelle. Ich werfe Kiesel in den Fluß, höre in der Finsternis ihre Aufschläge an der Wasseroberfläche. Es hört sich an, als wolle der Fluß zunächst an den Steinen schlürfen und sie dann einsaugen.

Mir wird kalt. Ich fahre endgültig nach Hause. Morgen muß ich wieder raus. Zuerst Brot ausfahren mit dem Rad und dann in die Schule. Verdammte Schule. Und als mir Mutter gestern Abend erzählte, daß in Bayern an den höheren Schulen ab sofort wieder das neunte Schuljahr eingeführt wird, hasse ich die Schule noch mehr. Noch ein Jahr länger. Doch jeden Abend treffe ich mich mit Greta. Das hilft über vieles hinweg. Wir gehen auch mal ins Kino zu einer Heideliebe mit Rudolf Prack und Sonja Ziemann. Es ist alles so unglaublich romantisch. So schön. So unwahr. Eine heile Welt.

Drei Tage später will ich wieder nach Oberau fahren. Zu Greta. Mutter merkt es. Sie hat anscheinend darauf gewartet. Sie sagt laut und bestimmt: „Daraus wird nichts mehr! Diese Sache ist aus! Ich habe mit diesen Leuten gesprochen. Es sind alles Flüchtlinge. Und mit einem Flüchtlingsmädchen sollst du nichts zu tun haben. Ich verbiete es dir. Verstanden! Aus! Ein für alle Mal! Und jetzt kein Wort mehr darüber!"

Ich habe verstanden. Kapiert. Gegen Mutter komme ich nicht an. Dennoch fahre ich nach Oberau. Ich versuche erst gar nicht, Greta zu suchen. Ich traue mich einfach nicht mehr. Vielleicht bin ich auch zu feige.

Ich laufe zum Strand, verstehe die Welt nicht mehr. Eine Handvoll Steine werfe ich gegen einen Silberpappelstamm. Dies hilft jedoch auch nicht. Auch der „canto amoroso" von Sammartini und Dvoraks Symphonie haben ihre Kraft verloren. Richten mich nicht mehr auf. Ich habe wieder verloren. Ganz gewaltig. Ich schaue in den Fluß. Er fließt unendlich träge und müde. Er gaukelt mir keine Wasserspiele vor. Keine Wolke, keine Blume, kein Schmetterling spiegelt sich in ihm. Sogar sein freundliches Lächeln ist weg. Heute scheint er zu weinen. Über Greta. Über mich. Über uns.

Schwarze Haare mit Pomade

Himmlischer Vater, ich komme zu Dir
mit meinen Sünden. Du liebst mich
und hast mir alles Gute gegeben, das
ich habe. Du hast Deinen lieben Sohn
gesandt und uns in Dein himmlisches
Reich eingeladen. Du hast mich so zu
Deinem Kind gemacht, damit ich mit
Dir lebe und einst ewig bei Dir glücklich
bin. Aber mein Herz ist nicht rein und gut.
Ich habe manche Fehler; ich habe Böses
getan und gesündigt. Darum komme ich
jetzt zu Dir und bitte Dich: Verzeih mir.
Mach mein Herz wieder rein und heilig!
(Aus: Magnifikat; Verlag Friedrich Pustet, Regensburg,
1964; S. 67, Nr. 18; „III. Die Beichte des Kindes")

Etwas müde lehne ich hier am weiß lackierten Stuhl hinter
dem Ladenpult und starre wie geistesabwesend auf die mit
Himbeerbonbons, Pfefferminzkugeln, Hauchbildern und La-
kritzenstängelchen gefüllten bauchigen Glasbehälter. Vier Jahre wohne ich nun schon mit meiner Mutter und meinen beiden Schwestern im Bäckerhaus meiner Großeltern. Unsere
frühere kleine Wohnung in der Flurlgasse habe ich natürlich
noch lange nicht vergessen, weil ich dort während des Krieges die frühen Jahre meiner Kindheit verbringen durfte.
Gut erinnern kann ich mich noch an die letzten Kriegswo-
chen, in denen ich von Mutter als Lebensmittelspion in die
kleine Krämerei gegenüber ausgesandt wurde, um nachzufor-
schen, was unter dem Lebensmittelpult alles gestapelt und
ohne Lebensmittelmarken zu bekommen sei. Manchmal hat
mir die freundliche Verkäuferin eine kleine Süßigkeit in Form
einer zerbrochenen Waffel oder eines weißen Pfefferminz-

plättchens zugesteckt und mir mit ihrer weichen Hand über den Kopf gestreichelt.

Auch die Bäckerin in der unmittelbaren Nachbarschaft hat mir hie und da einen Schwarzbrotteigfladen in die Hand gedrückt oder gar wäßriges Zitroneneis in einer Papiertüte gereicht. Mir hat das ausgezeichnet geschmeckt, vielen Amerikanern in den ersten Friedenstagen jedoch nicht. Nach dem ersten Probieren warfen sie meist die Tüte samt Inhalt einfach in den Rinnstein, und es gab nicht wenige Kinder, die sich um das Weggeworfene rauften und stritten. Und heute sitze ich nun selbst mit meinen zwölf Jahren hinter dem Ladenpult und verdiene mir durch das Verkaufen ein bißchen Taschengeld.

Es ist die stille Zeit nach Weihnachten. Das Geschäft läuft miserabel. Die Leute haben anscheinend noch zu viele Stollen, Plätzchen und andere Näschereien zu Hause. Vielleicht auch noch einen verdorbenen Magen vom Festtagsessen, von der fetten Gans oder der knusprigen Ente, welche jetzt, sieben Jahre nach Kriegsende, keine Seltenheit mehr sind.

Anna, unser jetziges Hausmädchen, kommt mit Putzeimer, Schrubber und Lappen zur Türe herein und wischt das Ladenpflaster. Sie sagt nichts, lächelt nur kurz, tut die ihr aufgetragene Arbeit. So ruhig und arbeitsfreudig ist sie jedoch anfangs nicht gewesen. Äußerst aufgeregt und dem Weinen nahe erzählte sie jedem, ob uns Kindern, den Großeltern, den Bäckerburschen, aber auch manchmal fremden Kunden, daß ihre ältere Schwester, die schon verheiratet war, von einem Amerikaner ein Kind bekommen hätte. Das Neugeborene habe diese gleich nach der Geburt in einem Maisacker eingegraben. Sie wurde jedoch dabei beobachtet und sitzt nun im Zuchthaus. Lebenslänglich wegen vorsätzlichen Mordes. Auch die Ehe ihrer Schwester sei sofort zerbrochen. Nachdem Anna diese Geschichte mehrere Male erzählt hat, wird sie plötzlich still, leise, zieht sich zurück, verrichtet nun schweigsam, fraglos und ohne aufzumucken ihre Arbeit. Und immer trägt sie ein freundliches Lächeln auf ihrem blassen Gesicht.

Bevor Anna bei uns auftauchte, arbeitete eine gewisse Erna bei uns, ein hochgewachsenes, dickes Mädchen mit einem sehr ansehnlichen Busen. Das war ungefähr vor einem Jahr. Alle wollten Erna und vor allem deren Busen sehen, und so war ein ständiges Kommen und Gehen von Klassenkameraden und sonstigen Freunden gang und gäbe. Allerlei Ausreden und Begründungen wurden erfunden, damit man zu ihr in die Küche hinaufkommen durfte, wenn Erna das Abendessen bereitete.

Eines Tages passierte dann das vorauszusehende Unheil: Willi möchte es genau wissen und faßt Erna, als diese gerade Salat putzt und keine Hände zur Abwehr frei hat, von hinten mit beiden Händen an deren Oberkörper. Blitzschnell dreht sich das Mädchen um und schlägt dem ungeschickten Lüstling mit der Faust, die noch den Endiviensalat umklammert, gezielt ins Gesicht. Hellrotes Blut quillt aus Willis Nasenlöchern, und die durch das Geschrei herbeigeeilte Mutter hat alle Mühe, den Blutstrom zu stillen. Mit den Kameradenbesuchen ist dann mit einem Male Schluß. Ernas Abneigung gegen ungewünschte Betastung und ihre brutale Schlagkraft hatten sich anscheinend mit großer Geschwindigkeit herumgesprochen.

Gleich am Anfang, um die Weihnachtszeit 1948, hatten wir noch ein Mädchen im Bäckerhaus angestellt, dessen Aufgabe es zuförderst war, sich um uns unmündige Kinder zu kümmern, da Großmutter dem Haushalt noch selbst tatkräftig vorstehen konnte. Elfriede hieß dieses blonde, schwarzäugige Mädchen aus dem Bayerischen Vorwald, das uns jeden Spätnachmittag in der warmen Küche, wenn die Sonne schon sehr früh unterging und der Himmel mit unterschiedlichen Rottönen zum Westfenster hereinleuchtete, von den Heiligen in der Adventszeit erzählte.

So berichtete sie vom heiligen Andreas, der zu Gruppe der zwölf Apostel gehörte, von der heiligen Barbara, die hingerichtet worden war und zu den vierzehn Nothelfern zählt und natürlich auch vom heiligen Nikolaus, dem Bischof aus

Kleinasien. Tagtäglich freuten wir uns auf Elfriedes Erzählungen. Als sie uns jedoch Mitte Dezember von der heilige Lucia berichtete, die durch die Straßen zieht und mit einer Sichel in der Hand unfolgsamen Kindern den Bauch aufschlitzt, haben wir sicherlich sehr aufmerksam, mit offenen Mündern und staunenden Augen, zugehört. Aber in der darauffolgenden Nacht haben wir zu dritt in einem Bett gelegen, uns weinend umarmt und konnten vor lauter Angst keine Minute unsere Augen zutun.

Am nächsten Morgen jedoch war Elfriede einfach verschwunden. Nicht mehr da. Weg. Hals über Kopf mußte uns dieses Mädchen wieder verlassen, weil seine Mutter ohne Krankheitsanzeichen von einer Stunde auf die andere viel zu jung starb und sie zu Hause nun den Haushalt zu versorgen und sich um ihren Vater und ihre kleineren Geschwister zu kümmern hatte.

Ich höre die Türe zum Backhaus aufgehen und werde aus den Tagträumen gerissen. Es ist Franz, der neue Lehrbub. Er ist schon über zwanzig Jahre alt und für einen Lehrbuben eigentlich zu alt. Was er vorher gemacht hat, sagt er nicht. Er raucht wie eine Dampflok. Immer eine Zuban zwischen den dünnen Lippen. Ein Kettenraucher. Aber beim Arbeiten in der Backstube traut sich Franz nicht mehr zu rauchen, seitdem ihm Großvater Schläge angedroht und schon einmal hinausgeworfen hatte.

Jetzt kommt der Lehrbub auf mich zu. Er hält eine braune Papiertüte in seiner Hand und winkt mich in den Hausgang hinaus. „Das habe ich meinem Vater geklaut," flüstert er, „der war das, behaupten die Leute, was sie heute einen Nazi nennen. Die zwei Bücher müssen meinem Vater sehr gefallen haben, weil er viele Zeilen unterstrichen hat. Mit rotem Stift."

Ich weiß gar nicht, was er eigentlich will. Auch verstehe ich so manches nicht, was er sagt. Er holt die Bücher aus der Tüte. Das eine ist ein Liederbuch. Das andere ist schwarz und trägt auf der Vorderseite einen goldenen Adler mit Hakenkreuz. Ein loses Photo fliegt aus diesem Buch auf den Boden. Ich hebe es auf. Schaue es an. Es zeigt zwei Männer, die sich die Hand geben. Den einen kenne ich. Es ist Adolf Hitler. Sein Bild hat Mutter damals zerkratzt. Deshalb kenne ich ihn. Der andere ist mir unbekannt. Franz bemerkt nicht, daß Großvater aus der Mehlkammer heraufkommt und mißtrauisch zu uns herblickt. „Was hast du denn da?" fragt er etwas laut. Franz zuckt zusammen. Aber schon hat ihm Großvater das Buch mit dem Hakenkreuz entrissen. „Das ist ja das Buch vom Schwerverbrecher, ‚Mein Kampf', vom Hitler, und das Photo zeigt gleich alle zwei Verbrecher. Da steht ja: Der Führer und der Duce: Die Garanten des Friedens. Daß ich nicht lache! Wo hast du denn diesen Mist her?"

„Ich hab' gehört, daß Christian bei der katholischen Gruppe Neudeutschland ist," meint kleinlaut und ablenkend der Franz, „und da habe ich halt geglaubt, er kann mir ein Lied aus diesem Buch vorsingen!" „Nichts da," ruft Großvater, „die Sachen gehören jetzt mir! Und nun Marsch an die Arbeit!" Ich denke mir, daß ich sowieso nichts hätte vorsingen oder gar begleiten können, da ich erst die A- und E-Dur-Akkorde mit dem Zeige- und Mittelfinger gelernt habe.

Abends schaue ich dann mit Mutter das Liederbuch an. Es trägt den Namen „Blut und Ehre", und innen auf dem Umschlagblatt ist handschriftlich eingetragen: „Die Fahne ist mehr als der Tod. Baldur von Schirach." Und auf der nächsten Seite steht: „ Lieder der Hitlerjugend." Mutter meint, es seien sicherlich lauter schlechte Lieder, aber als ich ein wenig darin herumblättere, finde ich auch Lieder, die wir bei der Gruppe Neudeutschland und auch in der Schule singen, zum Beispiel „Aus grauer Städte Mauern", „Der mächtigste König im Luftrevier", „Die Gedanken sind frei", „Kein schöner Land", „Hoch auf dem gelben Wagen" oder auch „Wildgänse rauschen durch die Nacht". Daß natürlich auch Lieder darinstehen, die man jetzt nicht mehr singen darf, macht mir Mutter schon mehr als klar. Aber jetzt reizt mich das Liederbuch erst recht, und ich lese und blättere noch lange darin herum.

Kurze Zeit darauf gibt es wegen Fritz einen großen Verdruß, und ich bin direkt froh darüber, daß ich mich mit ihm nicht gleich angefreundet habe. Beim Nachbarsbäcker sind in der Nacht sämtliche Fenster zertrümmert worden. Zehn Stück. Eingeworfen. Die Steine hat man auf den verschiedenen Zimmerfußböden gefunden. Dummerweise hat Fritz unter anderem ein Ziegelsteinstück benutzt, in welches bei irgendeinem Spiel mein Vorname eingeritzt worden war. Der Verdacht fällt zwar zunächst auf mich, aber die Steine sind für meine Schleuder viel zu groß und zum Werfen auf diese Entfernung für mich einfach zu schwer. Als Franz befragt wird, liefert er sich durch die einfältige Antwort, daß er nur Kieselsteine benutzt hätte, selbst an das Messer. Auf eine Anzeige wird verzichtet. Der Lehrling muß aber den Schaden beim Nachbarsbäcker erst abarbeiten, bevor er dann im Hochsommer entlassen wird. Als er nicht mehr auftaucht, heißt es, Franz sei zur Fremdenlegion gegangen, was sich Jahre später dann auch bewahrheitet hat.

Durch die Vermittlung der Bäckereinkaufsgenossenschaft kommt schon ein paar Tage darauf ein neuer Lehrbub. Reinhard heißt er. Ein Flüchtlingsjunge. Schwarze Haare. Glänzend. Mit viel Pomade. Erst vierzehn. Aber schon sehr kräftig. Sieht aus wie siebzehn. Sein Steckenpferd: Boxen. Die roten, oft gebraucht aussehenden Handschuhe hängen über seiner dürftigen Bettstatt in der Burschenkammer. An einem dicken Nagel. Daran hingen früher abgelegte Mehlsäcke. Reinhard spricht nicht viel. Er schaut gerne den Mädchen nach. Denen auf der Straße, denen, die als Kundinnen kommen, und vor allem der, die im Hause arbeitet. Der Anna. Er macht gerne Sprüche. Derbe Sprüche. Und Anna lacht darüber. Es gefällt ihr anscheinend, wenn sich einer mit ihr abgibt. Sich für sie interessiert. Obwohl sie schon sieben Jahre älter ist als Reinhard. Abends sieht man sie vor dem Veit-Wirt stehen. Dann wieder aus der „Blauen Traube" kommen. Gut aufgelegt. Oft sogar lustig. Das Bier schmeckt. Und auch der Wein. Jeder schaut zu. Keiner sagt etwas. Sie fallen ja nicht unangenehm auf.

Beide schlüpfen früh ins Bett. Die Anna nach hinten ins Mägdezimmer. Reinhard nach unten in die Burschenkammer. Und früh stehen sie fröhlich auf. Tun ihre Arbeit. Sind fleißig. Jeder kann die beiden gut leiden. Sie bringen Freude, Leben, Spaß und Unterhaltung in das altehrwürdige Haus. Das schätzt man. Es rührt sich was.

Es ist gegen Ende Februar. Der Fasching ist ausgebrochen. Ich habe wenig damit zu tun. Ich bin auch noch zu jung für derartige Festivitäten. Aber Anna mag gerne ausgehen. In einfache Gasthäuser. Eigentlich in Wirtshäuser. Dort finden Hausbälle statt. Mit Maskenprämierung. Sie geht als Ungarin. In unserem Faschingsklamottenkarton findet sie eine weiße Spitzenbluse, eine goldglänzende Blechkette, einen knöchellangen, aus vielen bunten Stoffstreifen zusammengesetzten Faltenrock und eine feuerrote Schärpe. Schwarze Stöckelschuhe bekommt sie von einer Hausbewohnerin, die sei meistens auf diesen harmlosen Abendveranstaltungen begleitet.

Aber auch Reinhard ist immer in der Nähe. Immer am Mitmischen. Er läßt so schnell nichts anbrennen. Zum Tanzen darf er noch nicht hinein. Zum Trinken bekommt er noch nichts. Aber wenn ein Faschingsball gegen Mitternacht zu Ende geht, lehnt er schon an der Hauswand gegenüber dem Lokal. Er wartet auf Anna. Wohin sie dann noch gehen, weiß keiner. Jedenfalls sind sie oft nicht mehr ganz nüchtern, wenn sie nach Hause kommen. Das jedenfalls behauptet Großvater, der einen leichten Schlaf hat und angeblich alles hört, was sich so im Hause abspielt.

Eines Morgens, gegen vier Uhr, es ist noch stockfinster, klopft es leise an meine Türe. Großvater hat das Zimmer schon um drei verlassen und arbeitet mit dem Gesellen in der Backstube. Es riecht nach frischer Brezenlauge. Die Lehrbuben dürfen nicht vor sechs mit der Arbeit beginnen. Jugendschutzgesetz. Es klopft nochmals. Die Türe geht auf. Reinhard steht vor mir. Er sieht fürchterlich aus. Er lallt schon ein wenig. Er ist anscheinend betrunken. Kann sich aber noch einigermaßen auf den Füßen halten. Eine Flasche Escorial Grün hält er in der einen Hand, in der anderen eine Taschenlampe. Mit dem Kopf gibt er Zeichen, daß ich ihm folgen soll. Ich schlüpfe in die Trainingshose. Gehe mit. Wir schleichen die Treppe hinunter. Reinhard rülpst laut. Doch niemand hört ihn. Die Teigteilmaschine ächzt und rattert. Der Laufriemen quietscht. Der Weg führt schnurgerade zur Mägdekammer. Die Türe zu Annas Zimmer ist nur angelehnt. Reinhard stellt die Flasche ab. Mit der freien Hand greift er durch den Türspalt und dreht das Licht an. Blitzschnell drückt er die Türe auf. Mir wird ganz anders. So etwas habe ich in meinem Leben noch nicht gesehen: Anna liegt splitternackt auf dem Bett. Schnell greift sich Reinhard die rote Schärpe und deckt das Mädchen zu. Aber nur unten. Oben muß ich immer wieder hinschauen. Anna hat zwei riesengroße, weiße Brüste. Sie hängen wie Kürbisse links und rechts herunter. Und zwischen den Brüsten selbst wachsen schwarze Haare. Ich starre wie gebannt auf diesen Körper. Anna schnarcht mit offenem Mund. Wahrscheinlich ist auch sie betrunken. Sie sieht nicht gerade schön aus. Abstoßend. Und je länger ich hinsehe, desto ekelerregender wirkt die ganze Vorstellung auf mich.

„Jetzt reicht's!", flüstert Reinhard. Er löscht das Licht, zieht die Türe zu. Verdrückt sich rasch in die untere Burschenkammer. Auch ich schleiche mich wieder die Treppe hinauf und krieche in mein Bett. Ich kann nicht mehr einschlafen. Das war einfach zuviel für mich. Und mein schlechtes Gewissen drückt mich. Ich nehme mir fest vor, noch heute zum Beichten in die Stiftskirche zu gehen. Gleich nach der Schule. Und das tue ich auch. Den Beichtspiegel kenne ich ja.

Um zwölf Uhr ist es dann so weit. Ich stehe vor dem Beichtstuhl und erforsche mein Gewissen. Wann habe ich das letzte

Mal gebeichtet? War meine letzte Beichte auch gültig? Ich werde hineingerufen. Kniee mich hin. Und dann sage ich dem Herrn Kooperator, daß ich in Demut und Reue meine Sünden bekenne. Alle Gebotsübertretungen kommen mir leicht von den Lippen. Ich bekenne auch, daß ich geflucht, meine Mutter geärgert, heilige Namen verunehrt und mit meiner Schwester gestritten habe. Aber dann kommt das sechste Gebot. Das Gebot der Keuschheit und der heiligen Reinheit. Ich denke an Anna. Ich sage, daß ich Unkeusches angesehen habe. Da will der Herr Kooperator alles wissen: Wann, alleine, mit anderen? Da erzähle ich es, wie es war. Gestern Nacht. Eigentlich heute früh. Er will Namen wissen. Und eine genaue Zahl, wie oft ich hingeschaut habe. Und was ich mir danach gedacht habe. Habe ich zutiefst bereut? Geschworen, es nie wieder zu tun? Alles der Mutter gesagt?

Dann spricht er lange auf mich ein. Die Unkeuschheit sei der Beginn der Lasterhaftigkeit, ein Weg in die Hölle, ins Verderben, in die ewige Verdammnis. Ich dürfe nie wieder mit dem Lehrbuben mitgehen. Nicht einmal reden solle ich mit ihm, denn er sei der Verbündete des Teufels, des Satans, der auf die Erde gekommen sei, um uns zu verführen und zu versuchen. Dann spricht er mich los. Ich bin froh, daß alles vorbei ist. Ich schwitze. Dann spreche ich zum Schluß: „ Diese und alle meine Sünden sind mir aus Liebe zu Gott von Herzen leid. Ich will mich ernstlich bessern und bitte um eine Buße." Diese fällt unangenehm hoch aus: Täglich zehn Vaterunser. Und jeden Abend soll ich das Gebet zum leidenden Heiland lesen, im „Lob Gottes" auf Seite 144. Es sei vom heiligen Alfons und besonders wirksam gegen unkeusche Gedanken.

Als ich um die Ecke komme, steht Reinhard vor der Haustüre. Er sagt aber nichts, nimmt mich überhaupt nicht wahr. Er hat anderes im Sinn. Er starrt einem Mädchen nach, das gerade die Metzgerei schräg gegenüber verläßt und in Richtung Simon-Höller-Straße geht. Und nach wenigen Sekunden stakt er ihr schon nach. Ich aber schaue auf das Plakat an unserem

Auslagenfenster und lese: „Niagara" mit Marylin Monroe. Heute zum letzten Male um 17.15 Uhr. Im Burgtheather. Ich freue mich schon darauf. Der schäumende Wasserfall und das freundliche und etwas hintergründig lächelnde Gesicht der Schauspielerin auf dem Kinoplakat versprechen willkommene Abwechslung und Spannung.

Ein kleines Sterbekreuz

O Welt, ich muß Dich lassen,
ich fahr dahin mein Straßen
ins ewig Vaterland.
Mein' Geist ich will aufgeben,
dazu mein Leib und Leben
legen in Gottes gnädig Hand.
Mein Zeit ist nun vollendet,
der Tod das Leben endet,
Sterben ist mein Gewinn.
Kein Bleiben ist auf Erden,
das Ew'ge muß mir werden,
mit Fried und Freud ich fahr dahin.
(Nürnberg 1555)

Samstsag, 7. März 1953. Es ist nachmittags gegen halb fünf. In meinem Zimmer riecht es noch nach Mittagessenssoße. Und nach Sauerkraut. Ich sitze vor dem Notenständer, die Violine liegt auf meinen Oberschenkeln. Unter der Streichfläche der vier Saiten liegt eine weiße Staubschicht. Weiß wie Mehl. Collophonium. Es riecht heute wieder ganz betäubend. Erinnert mich an den Beginn meines Geigenspielens vor drei Jahren. Dieses Harz hat es mir angetan. Es beinhaltet noch heute einen großen Teil meiner Erinnerung. Immer, wenn ich daran rieche, tauchen in meinem Kopf Farbbilder aus der Zeit ab 1950 auf: Das Lernen der Notennamen und Notenwerte bei meinem Geigenlehrer, das anfängliche Streichen der leeren Saiten, die ersten Flagiolettversuche, das Fingerflattern beim Triller, das Ansetzen des Bogens an der Spitze und am Frosch, das Einreiben der Bogenroßhaare mit dem süßen Harz. Und das Hören der ersten gespielten Lieder mit Klavierbegleitung des Lehrers. Heute bin ich etwas überfordert und eigentlich nicht in der stimmungsmäßigen Verfassung, viel zu üben. Vor allem schaffe ich es trotz mehrfacher Anläufe nicht, im achtzehnten Takt aus dem Stück „Poème" von Zdenko Fibich die Oktavenläufe zu spielen. Und noch dazu fortissimo. Das paßt heute so gar nicht in mein Konzept.

Seit gestern liegt Großmutter wieder im Bett. Mit offenem Bein. Ein richtiges, tiefes Loch am linken Knöchel. Zuckerkrank. Sie jammert nicht. Sie verlangt nichts. Nur Wasser. Wasser aus der Fischereiquelle hinter unserem Haus. Alle drei Stunden holt jemand von uns einen Eimer voll. Es ist eiskalt, das Wasser. Aber Großmutter steckt ihr offenes Bein hinein. Es tut so gut, sagt sie immer wieder. Vor einer halben Stunde war ich dran. Sie hat mich dankbar angelächelt. Das freut mich.

Aber das Stück „Poème" will ich jetzt nicht spielen. Ich denke an die kommende Osterzeit. Zuvor habe ich immer in der Karwoche das in Moll komponierte Lied „O Haupt voll Blut und Wunden" von Hans Leo Haßler so gerne gespielt. Und jetzt bin ich traurig. Also hole ich das „Lob Gottes" aus meinem Nachtkästchenschubladen und spiele dieses Lied. Erst laut, dann leise mit dem schwarzen, aufgesteckten kammförmigen Dämpfer. Es klingt schön. Unendlich schön.

Da werde ich massiv gestört. Großvater kommt in mein Zimmer und ist ganz aufgeregt. Seit gestern Abend geht es ihm nicht mehr aus dem Kopf, daß Josef Stalin gestorben ist. An einem Gehirnschlag. Das schon am zweiten März. Und erst heute haben sie diese Meldung im Radio gebracht. Allen erzählt er es. Eines kann er überhaupt nicht verstehen: Daß man in Frankreich die Flaggen auf Halbmast gesetzt hat. Wegen dieses Verbrechers und tausendfachen Mörders. Er kann es noch immer nicht fassen.Und mir erzählt er es jetzt schon zum dritten Male. Er geht. In die Backstube hinunter. Zum Sauerteiganmachen. Wie jeden Samstag. Jahrzehntelang die gleiche Prozedur. Aber ohne Sauerteig geht nichts in einer Bäckerei.

Es läutet. Albin kommt. Wir haben es ausgemacht. Er will noch schnell auf die Altane. Den verbleichenden Abendhimmel sehen. Albin malt. Eigentlich bringt er die Farben mit einem dünnen Spatel auf das Leinen. Die Natur hat es ihm angetan. Bäume. Gräser. Wolken. Und heute der farbenprächtige Märzenhimmel. Grünviolett könnte man sagen. Schon seit Neujahr treffen wir uns jeden Tag. Einmal bei ihm und einmal bei mir. Ich habe in den vergangenen Wochen meine ersten Kompositionsversuche unternommen. Eine lateinische Messe. Das Kyrie und das Agnus Dei gefallen mir am besten. Vierstimmig. Für gemischten Chor. Stolz zeige ich sie meinem Musiklehrer. Er versucht, den Satz auf dem Klavier zu spielen. Einmal schaut er die Noten an, dann wieder mich. Ein kleines Lächeln umspielt seine Lippen.

„Für den Anfang ganz gut", meint er. „Aber zunächst noch unspielbar und überhaupt nicht singbar". Ich bin anderer Meinung und bringe das Opus zum Organisten der Stiftskirche. Dieser schaut nur auf die Stimmen und versucht erst gar nicht, das Werk zu spielen. Sein Gesichtsausdruck sagt mir alles. Ich erzähle es Albin, aber den beeindruckt das nicht. „Alles Verschwörer", sagt er, „mir geht es genauso."

Während mein Freund fleißig malt, versuche ich es mit einem Kriminalstück. Ein Mensch wird hinterrücks erstochen. Sein Name wie auch der des Stückes heißt „Samuel Durega". Keiner sieht oder kennt den Mörder. Da findet ein Detektiv einige in Eis eingeschlossene Blutstropfen. Auf der Straße. Die Analyse derselben führen auf die Spur des Verbrechers. Aber auch der erste Versuch einer Schriftstellerei mißlingt vollends. Das Stück gefällt niemandem. Manche sagen sogar, ich solle das Stück sofort vernichten, weil Samuel ein jüdischer Name sei und ich nur Schwierigkeiten damit bekommen würde. Das Ende des Weltkrieges sei noch nicht weit genug entfernt, um solche Namen einsetzen zu können. Da lasse ich alles bleiben und halte mich wieder an meine Violine. Bei gleichbleibender Anstrengung und täglicher Übung könnte wenigstens hier etwas aus mir werden. Allerdings beflügelt mich keine allzugroße Hoffnung, da es an Fleiß von Grund auf mangelt. Alles andere in diesem Bäckerhaus und auch außerhalb desselben ist wesentlich interessanter als Lernen, Üben und Fleißigsein. Schnell ist wieder eine Woche mit Schule, Hausaufgabenmachen, Brotausfahren, Ladenverkauf und Mithelfen in der Backstube verflogen.

Samstag, 14. März. Ein normaler Tag. Mittags ist die Schule aus. Nachmittags laufe ich hinunter in den Unteren Rain zu Albin. Erst abends komme ich nach Hause. Hocke kurz beim Ofen in der Backstube. Wärme mir an den weißen, rechteckigen Kacheln die Hände. Nach dem Abendessen kommen Onkel und Tante. Man spielt Schafkopf. In der Küche neben dem Geschäft. Ich sitze jetzt auf der Couch. Ohne den schwarzen, alten Kater. Er schnurrt heute nicht auf meinem Schoß. Gestern haben wir ihn gefunden. Verreckt. Todesursache unbekannt. Vielleicht die Sucht. Oder erschlagen. Im Hühnerstall liegt er begraben. Wir Kinder haben sehr weinen müssen.

Das Kartenspiel dauert noch nicht lange, da verlangt Großmutter nach einem Kübel Quellwasser für ihr offenes Bein. Ich gehe hinunter zur Quelle. Es ist schon dunkel. Als ich zurückkomme, höre ich ungewöhnliche Geräusche aus der Küche dringen. Ich trete ein. Großmutter liegt auf dem Kanapee. Ihr Oberkörper ist freigelegt. Tante reibt ihr die Herzgegend mit Essig ein. „Herzanfall", haucht sie leise, „rufe den Stadtpfarrer an. Aber schnell." Großmutter atmet immer schneller. Sie bekommt kaum noch Luft. Ich telephoniere. Der Pfarrer verspricht, umgehend zu kommen. Großmutter atmet noch einmal ganz tief. Dann wird es auf einmal ganz still. Großvater betet laut das Vaterunser. „Mein Gott, sie ist tot," flüstert die Tante mit Tränen in den Augen.

Großvater und der Onkel tragen die Verstorbene die Treppen hinauf in das Schlafzimmer. Legen sie ins Bett. Großvater merkt erst jetzt, was eigentlich geschehen ist. Er dreht durch. Schreit. Weint. Betet. Da kommt der Herr Stadtpfarrer. Mit einem Ministranten. Ich muß aus dem Zimmer gehen. Stehe draußen auf dem Hausgang. Gehe vor zur Altane. An die frische Luft. Weihrauchgeruch strömt durch das Haus. Die Hausbewohner kommen aus ihren Wohnungen und beten laut den Rosenkranz. Sie haben anscheinend alles sehr schnell mitbekommen. Der Herr Stadtpfarrer geht mit seiner Begleitung. Er drückt der Leichenschwester die Türklinke in die Hand. Nun müssen alle aus dem Zimmer. Untätig steht man umher, sagt nichts, denkt nur immer an das eine: Jetzt ist sie tot. Es ist das erste Mal in meinem Leben, daß ich so direkt betroffen werde und so nahe dabei bin, wenn jemand stirbt. Ich kann es noch gar nicht fassen.

Nach unendlich lang scheinender Zeit dürfen wir in das Schlafzimmer gehen. Da liegt sie, Großmutter. Schwarz angezogen. Eine weiße Rolle stützt das Kinn und hält den Kopf aufrecht gerichtet. Links und rechts flackern Sterbekerzen. Die gefalteten Hände umfassen ein kleines, schwarzes Sterbekreuz. Großvater ist ganz außer sich. Wir müssen ihn halten. Da fällt er um. Nervenzusammenbruch. In momentaner Ermangelung einer anderen Möglichkeit legen sie ihn neben Großmutter in sein Bett. Der Arzt kommt. Gibt ihm eine Spritze. „Die beruhigt ihn," sagt er.

Die ganze Nacht schläft Großvater neben seiner toten Frau. Es geht ihm aber noch lange schlecht. Am Tage der Beerdigung bricht er abends wieder zusammen. Er muß sich ständig übergeben. Er bricht Blut. Auch ich komme lange nicht über dieses Erlebnis hinweg. Es war ein richtiger Schock. Ein knallharter Schicksalsschlag für mein unerfahrenes Kindergehirn. Eine gewaltige Kerbe. Ein unerwarteter Hieb.

Nächtelang glaube ich, Klopfgeräusche zu hören. Im Traum sehe ich wochenlang immer wieder Großmutter vor mir. Sie spricht leise zu mir. Lacht. Betet. Weint. Das ganze Haus ist stigmatisiert. Alle reden leise. Arbeiten stiller als je zuvor. Reden weniger. Gehen sich öfter aus dem Weg. Es wird lange getrauert. Die Hausbewohner lassen Messen lesen und viele Rosenkränze beten, damit Großmutter auch sicher in das Himmelreich einziehen darf.

So kommt die Karwoche herbei. Und damit auch der Karfreitag. Ich spiele den ganzen Morgen mein Lieblingslied „O Haupt voll Blut und Wunden". Gegen zehn Uhr müssen wir Kinder uns anziehen für den Besuch des Heiligen Grabes in den verschiedenen Kirchen. Wir besuchen die Spitalkirche, die Stiftskirche, die Jesuitenkirche, die Veitskirche und am Schluß die Karmelitenkirche, wohin Großmutter täglich in die Frühmesse ging. Das Grab mit dem Leichnam Jesu Christi ist hier mit vielen Lilien, rosaroten Nelken, dunkelroten Rosen und allerlei Girlanden geschmückt. Kerzen brennen. Menschen beten kniend davor. Vorne am Presbyterium liegt ein großes Kreuz mit dem angenagelten Körper Jesu Christi auf dem Boden, ebenfalls an beiden Seiten mit Blumenschmuck versehen. Von der hinteren Eingangstüre bis zum Kruzifix ist ein schmaler, mit Goldrand verzierter Teppich gelegt. Die Menschen rutschen auf den Knien nach vorne und küssen die Wundmale des Gekreuzigten. Manche weinen dabei. Wieder andere beten laut „Dein Kreuz, o Herr, wollen wir tiefgeneigt verehren". Eine Frau singt „O du hochheilig Kreuze, daran mein Herr gehangen, in Schmerz und Todesbangen".
Mutter flüstert mir etwas ins Ohr: „Schau hin," sagt sie, „dort rutscht auch der Eggberger nach vorne. Und während des Krieges hat er immer über die Kirche geschimpft und gelästert. Und geflucht hat er nach jedem zweiten Wort. Aber jetzt, wo sein Sohn immer noch nicht aus dem Krieg heimgekommen ist, betet er wieder. Ja, ja, so ändern sich die Zeiten. Und die Menschen. Der Krieg hat viel kaputt gemacht. Ach, wenn doch Vati wieder nach Hause gekommen wäre. So, wie ihr heute angezogen seid, hätte er seine große Freude an euch gehabt. Jetzt kommt übermorgen schon der zehnte Ostersonntag, seitdem ich ihn zum letzten Mal gesehen habe. Seit 1943. Die Zeit vergeht doch wie im Flug. Manchmal läuft sie uns direkt davon. Aber jetzt müssen wir heim zum Großvater."
Wir benetzen uns mit Weihwasser, schlagen das Kreuzzeichen und öffnen das schwere Portal. Von draußen fließt schon ein

milder und ganz leicht nach Blüten duftender Frühlingswind
in das Mittelschiff der Karmelitenkirche.

canto amoroso

Ich weiß, es wird einmal
ein Wunder gescheh'n, und dann
werden tausend Märchen wahr.
Ich weiß, so schnell kann keine
Liebe vergeh'n, die so groß ist
und so wunderbar.
Wir haben beide denselben Stern,
und Dein Schicksal ist auch mein's.
Du bist mir fern und doch nicht fern,
denn unsere Seelen sind eins.
Und darum wird einmal ein Wunder
gescheh'n, und ich weiß, daß wir
uns wiederseh'n!

(Zarah Leander)

In der zweiten Adventswoche 1953 tritt ein neuer Geselle aus Trotha bei Halle an der Saale bei uns in den Dienst. Wie und warum er von dort nach Niederbayern kam, entzieht sich heute meiner Kenntnis. Er ist groß, muskulös und erzählt gerne und oft von dem großen Umschlaghafen, in welchem sein Vater jetzt noch unter schwierigsten Bedingungen arbeite. Großvater nennt den neuen gerne einen „Politischen", da der Geselle, Albrecht ist sein Name, sehr oft überlaut und noch heute von dem blutigen Aufstand vor einem halben Jahr in der DDR gegen das SED-Regime spricht.

Besonders der Umstand, daß Arbeiter aus dem Osten mit schwarzrotgoldenen Fahnen durch das Brandenburger Tor marschiert seien und sowjetische Panzer mit Steinen bewarfen, beflügelt Albrecht zu manch unvorsichtigen Äußerungen. Und wenn er dann immer lauter wird und ruft, daß auch er bald auf die Straße gehe, wenn die Bezahlung weiterhin so schlecht bleibe, dann schließt Mutter schnell das Backstubenfenster, und ich ziehe mich in mein Zimmer zurück. Diese Lautstärke ist mir heute äußerst zuwider. Ich ziehe die Stille vor.

Ein heller Winternachmittag geht seinem Ende entgegen. Auf einem kleinen, runden, mit Blumenintarsio eingelegten Holzstuhl sitzend, betrachte ich, den Geigenbogen zwischen Spitze und Frosch in der rechten Hand balancierend, die Westseite meines kleinen Zimmers im ersten Stock der Bäckerei. Mein Klassenkamerad Albin, in meinen Augen schon jetzt ein beneidenswerter Maler, hat mir vor einer Woche drei Cancan-Mädchen an die Wand gemalt, freche Damen mit geschürzten Röcken und hohem Beinwurf, so hoch, daß man die knielangen, weißen Höschen sehen kann. Das Gemälde, welches im Augenblick von der orangeroten Abendsonne beleuchtet wird, ist so aufregend und lebendig, als hätte Henri de Toulouse-Lautrec es selbst mit seinem großen künstlerischen Geschick hingezaubert.

So eine kurze, kontemplative Rast tut mir sehr gut, bin ich doch in meinem Übungsprogramm nach den „Zwölf kleinen Duos" von Fereol Mazas schon in meinem Geigenbuch beim „canto amoroso" von Giuseppe Sammartini angelangt. Eben übe ich Takt 25 und will schnell in die dritte Lage aufsteigen, um das Dis reiner greifen zu können, da wird die Türe stürmisch aufgerissen, und meine Schwester Brigitte teilt mit, daß wir morgen früh um neun Uhr, am Sonntag also, mit dem Bus und unsern Skiern nach St. Englmar fahren werden, wie jeden Sonntag im Winter. Ich will schon wieder mal protestieren, da sich die ganze Skifahrerei auf ein monotones, sich ständig wiederholendes Hinaufsteigen und Herunterfahren vom nicht mal steilen „Idiotenhang" erstreckt.

An einem Liftbetrieb ist in dieser Gegend überhaupt noch nicht zu denken. Bevor ich jedoch widersprechen kann, was mir auch nicht viel genützt hätte, weil Mutter es so wollte, sagt meine Schwester, daß dieses Mal die Sigrid auch wieder mitfahren würde. Ich ändere meine Meinung radikal und freue mich schon riesig auf den nächsten Morgen. Jetzt habe ich große Lust, den „canto amoroso" nochmals und immer wieder zu spielen, von Wiederholung zu Wiederholung schöner und ausdrucksvoller, so, als sollte die ganze Stadt das Lied hören, denn ich bin zum ersten Male in meinem Leben so etwas wie verliebt. Mein Herz klopft bis zum Hals herauf und pocht an meine Schläfen. Ich sehe die rothaarige Sigrid vor mir, sie springt an der Wand mit den Cancan-Mädchen hin und her, lächelt mich an, tanzt nach der Melodie meiner Violine.

Ein völlig neues, mir bislang unbekanntes Gefühl bemächtigt sich meiner. Ich kenne mich selbst nicht mehr. Was geschieht da eigentlich mit mir? Ich habe Sigrid doch nur ein einziges Mal gesehen, mit meiner Schwester zusammen beim Schlittenfahren auf dem Kalvarienberg. Im Vorübergehen hat sie mir damals einen Blick zugeworfen, den ich erst heute deuten kann. Das meine ich zumindest jetzt.

Schnell packe ich die Geige weg und hole mein Musikheft. Es ist noch unbeschriftet. Ich male in fein säuberlicher Schrift darauf „Sigrid Raab". Das gefällt mir, macht mich noch glücklicher. So wird es einst werden. So wird es einmal sein! Ich gehe in die Ecke und schalte den Mehr-Platten-Spieler ein, und es ertönt eine meiner historischen Lieblingsaufnahmen „Ich weiß, es wird einmal ein Wunder gescheh'n, und dann werden tausend Märchen wahr". Zarah Leander singt dieses Lied auf sehr sehnsuchtsvolle Weise und trifft dabei genau meine Stimmung.

Sonntagmorgen. Schneegrießeln. Nebelschwaden. Pomade in die gewellten Haare. Eine Schmachtlocke fällt in die Stirn. Die Skier mit Seilzugbindung auf die Schulter und hinaus in die Bahnhofstraße zur Bus-Haltestelle im Hinterhof des Besitzers. Meine Schwester und ich besteigen das in der eisigen Winternacht ausgekühlte Gefährt. Der Bus ist bereits gefüllt mit gähnenden, noch halb schlafenden und kaum ansprechbaren Menschen. Brigitte setzt sich zu einer Freundin, der Lisa aus der Bürg. Der Platz neben mir ist noch frei. Mir wird schon ganz anders zumute. Fällt mir wirklich das Glück zu, daß sich Sigrid neben mich setzen wird?

Da erscheint sie in schwarzer Keilhose, weißer Windjacke, Strickmütze und Handschuhen mit Norwegermuster und natürlich mit ihren feuerroten Haaren. Sie sieht mich, registriert den einzigen freien Platz neben mir, sucht schnellen Auges meine Schwester und sagt zu ihr: „Bitte, setz dich neben deinen Bruder. Ich habe Kopfweh und möchte allein sein! Und zwar die ganze Fahrt!"

Ich erhasche kurz ihren Blick und fühle die Ablehnung. Das von meiner Schwester eingefädelte und von mir erträumte, ersehnte Abenteuer ist wie ein mit spitzer Nadel angestochener Ballon zerplatzt. Große Enttäuschung macht sich in mir breit. Anstatt jetzt zu kämpfen, gebe ich auf. Vom Fahrer lasse ich mir meine Skier vom Busdach holen.

Getroffen und beleidigt, ja nahezu gedemütigt schlendere ich nach Hause, gehe in mein Toulouse-Lautrec-Zimmer und werfe mich auf das Bett. Mir ist zum Weinen zumute. Doch dann erhebe ich mich, gehe zum Plattenspieler und lege wieder einmal die Symphonie Nr. 9 in E-Moll von Antonin Dvorak auf. Die kenne ich seit meinem 12. Lebensjahr und kann sie schon auswendig dirigieren. Vor allem der zweite Satz mit der Bezeichnung „Largo" hat es mir angetan.

Da muß ich eingeschlafen sein, denn zu Beginn des vierten Satzes „Allegro con fuoco" schrecke ich auf. Ich gehe zum Fenster. Es ist heller Vormittag. Leichte, fedrige Flocken taumeln vom Himmel und fallen auf die türkisgrün bemoosten Dachtaschen des Nachbarhauses. Auch ich falle wieder ein meine Kissen und beginne zu träumen, zu träumen von einer unendlich schönen Zukunft als Musiker und Dirigent, zu träumen von einem riesengroßen Orchester, von Publikumsapplaus, zu träumen von Liebe und Musik. Ich weiß, es wird einmal ein Wunder gescheh'n, und dann werden tausend Märchen wahr.

Wenn alles in Blüte steht

Unter der Linden an der Heide
wo unser beider Bette was,
da könnt ihr finden, wo wir beide
gebrochen Blumen und das Gras.
Vor dem Wald in einem Tal,
Tandaradei! Sang so schön die Nachtigall.
Ich kam gegangen auf die Aue,
mein Liebster schon gekommen war.
Ich ward empfangen: „Hehre Fraue!"
Des bin ich selig immerdar.
Küßt er mich? Wohl tausend Stund!
Tandaradei! Seht, wie rot ist mir der Mund.
Da tät er machen reich für mich
von Blumen eine Liegestatt.
Des wird noch lachen inniglich,
wer immer kommt denselben Pfad.
An den Rosen er wohl mag –
Tandaradei! – sehen, wo das Haupt mir lag.
Daß er bei mir geblieben, wüßt es einer,
(verhüt' es Gott) so schäm ich mich.
Was er mit mir getrieben, keiner, keiner
erfahre das, nur er und ich
und ein kleines Vögelein –
Tandaradei! – das wird wohl verschwiegen sein.
(Walther von der Vogelweide, 1170 – 1230)

Es bahnt sich etwas Schlimmes an, jetzt, Mitte Februar 1955. Ich hole vor dem Schulgebäude nochmals das schon so oft gelesene Zwischenzeugnis heraus und ärgere mich zum wiederholten Male über die Bemerkung „Vorrücken sehr gefährdet." Es handelt sich um die Fächer Latein und Deutsch. Ich habe mich zwar immer um entsprechende Leistungen bemüht, aber ich bin mitten drin in einer neuen Liebe, die mich alles, besonders das Lernen und die Schule, vergessen und zweitrangig erscheinen läßt.

Es ist eine romantische Begegnung mit einem polnischen Mädchen, mit Maria, und ich spüre zum ersten Male, was es bedeutet, Gefangener seiner eigenen Körperlichkeit zu sein. Zugleich ist es eine Beziehung, die sich in eine besondere Ebene erhebt, auf ein Plateau, das ich vorher nie erreichte. Die Bekanntschaften, die ich zuvor erleben durfte, kommen mir plötzlich so nichtssagend, leer, unverbindlich und kaum erwähnenswert vor. Waren es ehedem mehr körperliche Lusterlebnisse, flatterhafte Berührungen, so kommt jetzt eine Art von Leidenschaft mit ins Spiel, die auch literarische und musikalische Varianten mit einbezieht. Wir lesen, engumschlungen am Donauufer, Walther von der Vogelweide „Unter der linden an der heide, da unser zweie Bette was", wir sprechen Gedichte von Ludwig Achim von Arnim „Mir ist zu licht zum Schlafen, der Tag bricht in die Nacht", wir hören uns zuhause in meinem kleinen Zimmer klassische Musik an, darunter zuförderst auch Chopins Klavierkonzert in F-Moll und immer wieder Dvoraks Symphonie „Aus der Neuen Welt". Wir liegen auf dem weichen Teppich und lassen uns von dieser wunderbaren Musik verzaubern und in andere Welten versetzen. Nicht genug damit. Oft hole ich auch meine Violine hervor und spiele das „Caro mio ben" von Tommaso Giordani oder das „Chant sans paroles" von Peter Tschaikowsky.

Und da sollte ich an die Schule denken, Spaß am Lernen haben, wo doch meine Bestrebungen und Interessen ausschließlich auf die Seele und den Leib dieser hübschen Polin fixiert waren. Zugleich habe ich Angst, dieses Mädchen, wie andere zuvor, wieder zu verlieren, aus einem nichtigen Grund, jetzt, in einer Zeit, in der ich Zuneigung, Mitgefühl und Stärkung jedweder Art in meiner schulischen Versagensphase so dringend benötigte.

Auf meinem täglichen Schulweg gehe ich öfter als je zuvor in die Karmelitenkirche und bitte die Heilige Maria von den Nesseln um ihren Beistand. Fest eingebrannt, damit ich es immer bei mir tragen soll, ist das Gnadenbild in meinem Gehirn, in meinem Kopf, der die Schule allmählich zu hasssen beginnt. Und damit auch einen Teil der Lehrer, die mir nun wie Peiniger erscheinen.

Maria geht fleißig zur Schule, zu den Ursulinen, und da sie eine Interne ist, darf sie sich nicht so ohne weiteres alleine aus dem Schulhaus entfernen. Aber wenn es wieder mit Hilfe einer Freundin klappt, dann entziehen wir uns auch mal dieser tristen Erdenhaftigkeit und besuchen den Friedhof St. Peter in seiner herrlichen Entrücktheit, die uns geradezu verzückt. Wie oft und wie lange lehnen wir an den Steinsäulen des Westportals der Kirche, fahren mit den Fingern die erhabenen Holzornamente entlang, bis sich unsere Fingerkuppen gewollt am Hostienkelch oder am Holzkreuz mit der darumgewundenen Schlange sanft treffen und zärtlich berühren. Manchmal wandern unsere Blicke über den Blattwerkschmuck bis zum Relief des Ritters mit dem Drachen, der soeben im Begriff ist, einen Menschen zu verschlingen. Dessen Kopf ragt gerade noch aus dem weit aufgerissenen Maul des Tieres.

Ich sage zu Maria, daß ich mir sehr oft verschlungen und verschluckt vorkomme, gefangen von der Schule, von zuhause, erzähle ihr, daß mich alles, was mit mir direkt zu tun hat, total in Beschlag nimmt, daß vieles immer dramatisch beginnt und ebenso endet. Maria lächelt nur, bemerkt, daß das Irdische so unwichtig sei, weil eines Tages sowieso alles zu Ende gehe, sterbe, verfalle. Dann geht sie voraus, in die Gedächtniskapelle, zum Grabstein der Agnes Bernauerin, als ob sie damit ihre Aussage über die menschliche und irdische Vergänglichkeit untermauern wolle.

Wir stehen vor einer rötlichen Grabplatte, in welche das leibliche Abbild der Toten kunstvoll eingemeißelt ist. Mit ihrer schmalen Hand streicht Maria über das weite, faltige Gewand, das den ganzen Körper der Bernauerin bedeckt, berührt mit dem Handrücken das Gesicht und den Rosenkranz, den die Verblichene mit ihrer rechten Hand umschlungen hält. Den beiden gemeißelten Schoßhündchen auf der Grabplatte geben wir noch liebevoll einen Klaps, bevor wir ins Freie gehen.

Die schmiedeeisernen Kreuze stehen hart gegen den Himmel. Eiskristalle und kleine Schneehäubchen haben vergängliche Verzierungen an die christlichen Symbole gezaubert. Allerheiligen- und Weihnachtsgestecke sind im Frost erstarrt. Die Seelenkapelle nimmt uns auf. Der Raum wirkt zeitlos. Wir haken uns an den kleinen Fingern ein. Die Bilder an den Wänden nehmen unsere Sinne und Blicke ganz in ihren Bann. Kinder, Greise, Bettler, Kaiser agieren auf ihre Weise, doch hinter jedem dieser verschiedenrangigen Menschen steht, gafft, lauert der Tod. Der Sensenmann. Der Mann mit der Sichel. Ich summe die Melodie zu dem Lied „Es ist ein Schnitter, heißt der Tod, hat Gwalt vom höchsten Gott".

Unsere kleinen Finger lösen sich. Es finden sich die Hände. Die makabere, aber auch wieder schöne, uns zur Besinnung auf das Wesentliche bringende Darstellung des Totentanzes läßt uns jedoch nur für kurze Zeit erschauern. Wir lassen es nicht zu, uns auf die Ebene des Vergehens und Sterbens zu begeben. Irgendwie schütteln wir alles von uns ab und verlassen die Totenkapelle.

Grau und düster wirkt der Friedhof. Nebel steht wie Löschpapier zwischen den Grabsteinen. Die gedrechselten Grabkreuzenden heben sich nun filigran und scherenschnittähnlich gegen den violetten Schneehimmel ab. „Wie schön es doch hier im Mai sein dürfte", unterbricht Maria die Winterstille, „wenn alles in Blüte steht". Eine Krähe schreckt auf, fliegt hoch über die Türme, hinüber zur Donau. Im Vorübergehen lese ich auf einem in die Wand eingelassenen Grabstein „Requiescat in pace".

Lateinische Wörter. Latein spielt die Rolle des Auslösers. Sofort gehen meine Gedanken wieder in Richtung Schule, erinnern mich an meine derzeitige miserablen Leistungen, mahnen mich zum Lernen, fordern mich zum Handeln auf. Sämtliche aufgekommenen Gefühle der Romantik, Geborgenheit und Zeitlosigkeit auf diesem Friedhof verfliegen im Nu, bringen die Wahrheit zurück und drängen mich in ein schlechtes Gewissen.

Wir schlendern die Donaugasse hinauf, am Gaswerk vorbei. Die Luft riecht hier sehr eigenartig. Der Gasgeruch vermischt sich mit dem Geruch des Donaulehms und der Fischerei, die in unmittelbarer Nähe dort ansässig ist. Wir lassen die Donaubrücke rechts liegen und gehen an der Schloßkaserne vorbei. In ihr könnte man sich verschanzen und alles abhalten, was drängt und drückt und auf einen hereinbricht. Geht aber nicht. Also weiter.

Wir betreten unser Haus durch das Geschäft, weil ich keinen Hausschlüssel bei mir habe. Ich habe ihn in der ganzen Aufregung vergessen. Macht aber nichts. Mutter steht hinter dem Verkaufspult, betrachtet uns neugierig, lächelt ein wenig. Sie hat nichts dagegen einzuwenden, daß ich Freundinnen und Freunde mit in die Wohnung bringe. Im Gegenteil. „Da sieht man wenigstens, welchen Umgang du hast", sagt sie immer wieder. Bei meinen Schwestern ist dies nicht anders. Auch sie können mitbringen, wen sie wollen. Und manchmal geschieht es schon, daß uns der Umgang mit Menschen, die unserer Mutter nicht ins soziale Konzept passen, ausgeredet wird. Überzeugend ausgeredet. Endgültig ausgeredet. Aber heute spricht niemand dagegen.

Maria geht mit auf mein Zimmer neben der hölzernen Altane. Das Mädchen wirft sich auf das buntgefleckte Sofa, schaltet den Zehnplattenspieler ein. Die unterste Single klatscht auf den Drehteller. Die Nadel kratzt. Caterina Valente singt „Ganz Paris träumt von der Liebe". Ich ziehe Maria hoch. Wir tanzen. Mehr im Stehen. Der Raum ist sehr klein. Dann fällt die nächste Platte. „Der weiße Mond von Maratonga" erklingt. Lolita läßt den Mond am Himmel erstrahlen. Slow waltz. Maria zieht mich eng an sich. Es ist schön. Beruhigend. Ich fühle Geborgenheit. Ich vergesse die Gegenwart. Ich träume von einem zurückgezogenen Leben mit Maria. Bei der Stelle des Liedes „Such im Mondlicht am Strand eine Perle im Sand, wirf sie weit in das nächtliche Meer" hören wir die Turmglocke der Stiftskirche St. Jakob schlagen.

Um Gottes Willen. Es ist schon sehr spät. Die Zeit ist uns zwischen den Fingern zerronnen. Maria sollte schon längst einpassiert sein. Bei den Ursulinen. Im Internat. Schnell bringe ich sie durch das Haus, auf die Straße, zur Schule. Abschied bei der Brauerei Sturm. Unter dem Steintor. Schnell. Es eilt. Ein flüchtiges Berühren der Wangen. Ein zärtliches Berühren mit den Lippen. Ein verstehendes Berühren mit den Augen. Mir ist, als ginge ein Stück von mir mit in das muffige und nach Bohnerwachs riechende Schulgebäude. Das Schloß klinkt ein. Außen ist nur ein undrehbarer Knopf. Schluß.

Es nässelt. Unangenehm. Ich gehe die Albrechtsgasse hinauf, betrete wieder mal die Karmelitenkirche. Warme, abgestandene Luft. Geruch nach Kerzenwachs und verflogenem Weihrauch. Vorne, am Altar, knie ich nieder. Bei der „Maria von den Nesseln". Wir kennen uns schon gut und schon lange. Vor jeder Schulaufgabe rede ich mit ihr. Ich glaube, sie hat nie gewußt, daß ich gute Zensuren von ihr erbitten wollte. Vielleicht ist ihr dies alles viel zu irdisch, zu profan, zu unheilig. Ich sehe die goldenen Strahlen, die ihr Haupt umkränzen, bemerke die über ihr schwebenden Engel, schaue ihr lange in die Augen. Sie scheint die Lider niederzuschlagen. Trotzdem bitte ich sie, daß alles mit meinem polnischen Mädchen so bleiben, es in der Schule wieder bergauf gehen und vor allem zuhause wieder Ruhe einkehren möge. Als ich keine eigenen Worte mehr finde, bete ich herunter, was ich vor Jahren als Ministrant auswendig gelernt hatte, ohne es auch nur im geringsten verstanden zu haben.

„Ideo preco beatam Mariam semper virginem, ora pro me ad Dominium Deum nostrum". Die Gottesmutter sieht mich an, als wolle sie sagen, daß ich mich nicht zu sehr aufregen soll. Das Leben würde schon alles glätten.

Ich bin nicht ruhiger geworden. Ich will gehen. Im Moment bin ich sogar etwas ungläubig. Dennoch benetze ich im Weihwasserkessel meinen rechten Mittelfinger und bekreuzige mich. Das schwere Kirchentor knarzt und ächzt, als würde es unter seiner eigenen Last und seinem hohen Alter leiden. Dann knallt es hart und nachhallend in sein Schloß.

Stockdunkle Nacht. Nur aus den Parterrewohnungen fallen weißfahle Lichtstreifen auf das Kopfsteinpflaster der Zollergasse. Ich biege von dort in die Fraunhoferstraße ein und stehe alsbald vor unsere Haustüre, deren Türgriff ich leise niederdrücke. Ich will nicht gesehen werden. Will gleich auf mein Zimmer. Musik hören. Mich abkapseln. Vielleicht sogar das Vokabelheft hervorziehen. Aber aus alledem wird nichts. Ich höre plötzlich das Geschrei und Schimpfen des Großvaters. Schon fällt es mir siedendheiß ein: Ich habe vergessen, die bestellten Amerikaner, Zuckerhörnchen und Schaumrollen in das Cafè Hagen zu bringen. Zu einer Versammlung. Eine geschlossene Gesellschaft hätte am frühen Nachmittag zur Kaffeezeit darauf gewartet. Verflucht. Jetzt dürfte es schon zu spät sein. Wir würden sicherlich auf der Ware hocken bleiben. Das Geld dafür können wir in den Kamin schreiben. Alles ist so ärgerlich. Noch dazu gewinnschmälernd. Und das macht unseren Großvater fertig. Verständlich, jedoch blamabel für mich und eigentlich zum Kotzen. Daß so etwas mir passieren muß, wo ich doch immer so übergenau bezüglich der Zeiteinteilung und der Tagesstrukturierung bin.

Ich laufe davon, weil Großvater jetzt mit einer langen Holzlatte auf mich zurennt und mich anscheinend in seinem Jähzorn fürchterlich verprügeln will. Sein Gesicht gleicht einer wutverzerrten Fratze. Die Augen sind weit aufgerissen und starren mich glashart an. Sein Atem rasselt wie eine Kette. Ich schlage vor dem Ladenausgang einen Hacken und flitze in die Backstube. Angst steigt in mir hoch. Ich krieche hinter die

Teigteilmaschine. Dort erreicht er mich nicht. Es ist zu eng zwischen der Wand und dem großen Metallteiggefäß. Ihm bleibt nur noch das Schreien. Das Schreien über verdammte Polenweiber, die anscheinend wichtiger sind als Arbeit, Geschäft und Geld. Sauweiber. Verfluchte.

Eine deprimierende Situation für mich. Direkt fatal. Kam ich mir vor einer Stunde bei Maria noch wie ein einigermaßen erwachsener Mensch, ja wie ein Mann, vor, so habe ich jetzt das elende Gefühl, wieder ein unartiges und unfolgsames Kind zu sein, das eine Tracht Prügel verdient hat. Ich bin um Jahre zurückgestürzt. Da fängt Großvater tatsächlich mit dem Zuschlagen an. Wie blind. Holz splittert. Die Latte bricht ab. Das erstaunt ihn einen Moment lang. Dies nutzt Mutter aus. Sie taucht plötzlich hinter ihm auf. Redet leise auf ihn ein. Erzählt ihm etwas von einer weißen Brieftaube, die er schon lange vermißt. Da beruhigt er sich der aufgeregte Mann. Mit seinen Nerven ist er schon längst am Ende. Er geht. Zieht das zerschlissene Holzstück wie einen Kadaver hinter sich her.

Ich krieche aus meiner Höhle hervor, packe den auf dem Tisch stehenden Korb mit dem zu liefernden Gebäck und fahre dies mit dem Bäckerfahrrad hinunter in das Cafè. Ich habe Glück. Die Gesellschaft hat tatsächlich noch darauf gewartet. Wie durch einen Zufall hatte die Gesellschaft wesentlich später als geplant begonnen. Zu Hause liefere ich das Geld ab. So ist der Friede wenigstens auf dieser Ebene wieder eingekehrt, gerettet.

Dafür werde ich in der Nacht zum nächsten Tag krank. Eitrige Mandelentzündung. Krankenhaus. Operation. Die Mandeln werden mir bei lokaler Betäubung mittels einer Drahtschlinge abgezwickt. Anschließend befallen mich große Schmerzen. Ich kann kaum schlucken. Darf nichts essen. Am dritten Tag bricht die Wunde wieder auf. So vergehen sieben Tage. Dann erst darf ich nach Hause. In meinem Zimmer liegt ein großes Photo von Maria auf dem Tisch. Ich betrachte das Bild, wende es. Mit feiner, zierlicher Handschrift steht da geschrieben:

„Wenn man nicht hat, was man liebt, muß man lieben, was man hat." Ich weiß nicht, was das soll. Weiß nicht, was los ist. Bis ich endlich kapiere, daß ich verlassen worden bin. Warum und wieso? Gibt es einen Grund dafür? Wer steckt dahinter? Ich werde todmüde.

Ganz klein und dürftig komme ich mir vor. Bemitleidenswert. Und Maria erscheint mir auf einmal so groß, so mächtig, so unerreichbar. Damals habe ich gelernt, daß Unerreichbares die Eigenschaft besitzt, sich selbst zu glorifizieren. Wächst zu einem Geheimnis an. Zu einem Geheimnis mit einer furchterregenden Grimasse, die einen verschlingen will. So wie der Drache über dem Portal der St. Peterskirche. Der Kreis ist wieer mal geschlossen. Leider. Ich kämpfe nicht um Maria. Ich kann tagelang nur noch an sie denken. Ich schreibe ihr nicht. Ich unternehme überhaupt nichts. Ich bin wie gelähmt, zur Untätigkeit verdammt. Auch in der Schule. Es geht auch hier bergab. Wie im Sturzflug. Immer schneller. Immer rasanter. Für den Sommer ist die Tragödie bereits vorprogrammiert. Das Jahreszeugnis ist jetzt schon ein rotes Tuch vor meinen Augen. Keiner kann mir helfen. Niemand kann und wird mich trösten. Ich suche Zuflucht bei meiner Violine. Singe traurige Lieder zu meiner Gitarre. Alles umsonst. Bringt auch nichts. Vielleicht bringt es der nahende Frühling. Aber nur vielleicht.

.

Ein Turm von Fünfmarkstücken

Nehmt Abschied, Brüder!
Ungewiß ist alle Wiederkehr,
die Zukunft liegt in Finsternis
und macht das Herz uns schwer.
Es liegt in jedem Anbeginn
das Ende nicht mehr weit:
Wir kommen her und gehen hin,
und mit uns geht die Zeit.
Nehmt Abschied, Brüder,
schließt den Kreis,
das Leben ist ein Spiel,
und wer es recht zu spielen weiß,
gelangt ans große Ziel.
Der Himmel wölbt sich über's Land,
ade, auf Wiederseh'n!
Wir ruhen all' in Gottes Hand,
lebt wohl, auf Wiederseh'n!
(Nach einem alten schottischen Volkslied)

Ritual und Trott sind immer dieselben: Um fünf Uhr raus aus den Federn. Nicht freiwillig. Großvater sorgt schon mit lauter und auffordender Stimme dafür, daß man schnell aufsteht. Malzkaffe. Ein Stück Brot. In die Backstube. Mithelfen beim Semmelschleifen. Und beim Brezentauchen in die braune Lauge. Nach etwa zwei Stunden dann fix hinauf auf das Bäckerrad. Voll beladen mit allerlei Wecken und Weißbrot. Brotausfahren ist angesagt. Zu den einzelnen Krämern und kleinen Lebensmittelläden. Bei Sonne im Sommer. Bei Schnee und Glatteis im Winter. Bei Regen mit Umhang und Mütze. Aber es gibt keinen Grund zur Klage. Eine Kleinstbäckerei lebt nur durch den Familienbetrieb. Gedungene Brotausfahrer haben wir selten. Das schmälert empfindlich den so schon kargen

Gewinn. Und motorisiert sind wir auch nicht. Aber das macht alles nichts. Ich tue es ja nicht umsonst. Mutter schiebt mir schon hie und da ein paar Markstücke zu. Da ist sie großzügig. Das muß man ihr lassen. Sie mag schnelle, flinke und fleißige Menschen. Menschen, die hinlangen. Selbst die Arbeit sehen. Denen man nicht alles anschaffen muß. Und darum ist auch ihre Devise: Hier die Arbeit, da die Moneten.

Und dann, kurz vor acht, geht es in die Schule. Ich bin zwar immer schon ein bißchen müde. Aber das macht nichts. Wird schon gehen. Wird gehen müssen. Wenn auch manchmal schwer. Das liegt aber weniger am Brotausfahren als an der Unlust am Lernen. Aber es muß sein. Ich sehe das ein.

Wenn ich das Schulhaus am Stetthaimer Platz betrete, bekomme ich schon Halswürgen wegen des penetranten Wachsgeruches, der aus den Bodenbrettern der Gänge, Treppen und Klassenzimmer strömt. Neben dem Erlernen der Stoffinhalte der schulischen Fächer bin ich immer in Wartehaltung. In Lauerstellung. Bei uns in der Backstube wird jetzt manchmal vom Nationalsozialismus, vom Dritten Reich, vom Tausendjährigen Reich, von Adolf Hitler, von der SS, der SA, der Hitlerjugend, dem BDM, von der NS-Frauenschaft, jedoch sehr wenig von den Konzentrationslagern gesprochen. Anscheinend weiß man noch nicht sehr viel darüber. Oder man glaubt es immer noch nicht. Oder man blockt ab. Aber man redet gelegentlich darüber. Nicht geheimnisvoll, nicht hinter vorgehaltener Hand, nicht flüsternd und auch nicht hintenrum. Offen wird darüber geredet. Beim Teigkneten. Beim Sauerteiganmachen. Beim Bäckerradbeladen. Beim Auskehren der Backstube. Man spricht nicht viel. Aber man spricht.

In der Schule dagegen schweigt man. Nichts. Stille. Totschweigen? Angst? Einmal frage ich mit fünfzehn Jahren einen Geschichtslehrer, ob er auch im Krieg an der Front war, ob er Gefangener war wie mein Vater. Der etwa dreißigjährige Pädagoge schaut mich verdutzt an, steht dann eigentümlich stramm und sagt sehr laut: „Ich war Großdeutscher Leutnant.

Das sagt Dir bestimmt alles. Das muß genügen." Dreht sich weg. Geht. Stolz. Aufrecht. Mir hat es nicht genügt, aber ich habe mich nicht mehr getraut, jemanden aus der Lehrerschaft zu fragen. Manche erzählen schon vom Krieg. Recht spannend sogar. Aber eine Beziehung zum Nationalsozialismus war für mich in diesen oft sehr couragiert erzählten Kriegsberichten oder Kämpfen nicht herzustellen. Obwohl wir damals in Deutschland eine Menge Probleme der Vergangenheit zu bewältigen gehabt hätten, beschäftigte man sich im Fach Deutsch mit ganz anderen Themen, wie „Eigenheim oder Wohnblock – eine wichtige Entscheidung bei der Lösung der Wohnungsfrage", „Vor- und Nachteile des Fernsehens im Vergleich zum Film", „Ist der Mensch berechtigt, mit Hilfe der Technik in die Natur einzugreifen?", „Halten Sie es für richtig, daß die Frau im Wirtschafts- und Berufsleben immer mehr in Erscheinung tritt?", „Ist es ein Zeichen von Kameradschaft, einen Mitschüler abschreiben zu lassen?", „Sollen Mädchen sich schminken?", „Ist das bundesdeutsche Wirtschaftswunder bloß als etwas Positives zu werten?", „Trotz verschiedenartiger wirtschaftlicher und politischer Entwicklung haben die beiden Teile Deutschlands mehr Gemeinsames als Trennendes", „Sollen wir Deutsche heute noch ein Nationalgefühl pflegen?", „Wie mit Geierskrallen umklammert uns die Sorge um die Zukunft unseres Volkes (Faulhaber)", und dann doch, fünfzehn Jahre nach Kriegsende, ein Aufsatzthema in der Abiturklasse „Warum müssen gerade wir Deutsche den Antisemitismus schärfstens verurteilen?" Und beim Abitur selbst: „Wer weiß, was in Deutschland geschah, darf es nie vergessen; wer es noch nicht weiß, muß es erfahren. Warum gilt besonders für uns Deutsche die Forderung, die Zeit von 1933 bis 1945 gründlich zu studieren?"

Wie schon des öfteren erwähnt: Spaß im Sinne von Freude bereitet mir die Schule selten. Auch wenn ich immer wieder mit Neuanfängen jeglicher Art, mit Schwüren und guten Vorsätzen versuche, mich mit der schulischen Arbeit zu versöhnen und eine positivere Einstellung zu gewinnen: Die Schule gibt mir keine Chance. Sie nimmt mein Angebot nicht an. Sie läßt eine Veränderung des Verhältnisses zu ihr nicht zu. Dann eben nicht. Es gibt nämlich noch andere Plätze und Stellen, an denen ich mich sehr wohl fühle.

„True love" mit Grace Kelly und Frank Sinatra klingt sanft aus der Musicbox im Cafe „Venezia" in der Bahnhofstraße. Die Platte wird automatisch gewechselt, und Harry Belafonte singt sein „Island in the Sun" und den „Banana-Boat-Song". Es wird gepokert. Ein Turm von Fünfmarkstücken steht vor mir. Daneben ein frisches, helles Bier. Ich befinde mich auf der Siegerstraße. Nicht nur beim Kartenspielen. Eine „Salem ohne" hängt in meinem Mundwinkel. Mir geht es gut. Ich habe Freunde, Gleichgesinnte um mich. Und schon wieder gewonnen. Der Geldturm wird höher und höher. Die Stimmung steigt. Die gute Laune zieht nach. Die Türe geht auf. Der Mathematiklehrer betritt unser Stammcafé Er sieht den Fünfmarkturm vor mir auf dem Tisch stehen. Kauft sich ein Weißbier. Läuft im Gesicht rot an. Trinkt hastig aus. Vergißt fast das Bezahlen. Geht. Vico Torriani singt „Santa Lucia". Und Freddy Quinn setzt sein „Brennend heißer Wüstensand" darauf.

Am nächsten Tag schon werde ich ins Direktorat bestellt. Da hockt er neben dem Anstaltsleiter, der Mathematiklehrer. Er grinst. Er hat mich verschuftet. Verraten. Ich stehe da wie vor einer Hinrichtung. Der Schulleiter spricht und spricht. Er sagt etwas von einer Mitteilung an die Stadtverwaltung zwecks Streichung einer Erziehungsbeihilfe, da ich anscheinend sowieso zuviel Geld hätte. Und die Noten wären auch nicht danach. Ich solle mich gefälligst nicht in Lokalen herumtreiben und dem Glücksspiel frönen, sondern lieber lernen. Die Predigt hört nicht auf. Ich schalte auf Durchzug. Will nichts hören. Ich habe einen riesigen Haß auf den Verräter. Den Neidhammel. Den Denunzianten. Aber ich bin machtlos. Schon nach drei Tagen erhält Mutter ein Schreiben von der Beihilfestelle, das nahezu im Wortlaut das enthält, was mir im

Direktorat so gut gemeint ans Herz gelegt wurde. Mutter war traurig. Das Geld hätte sie so dringend brauchen können. Sie macht eine Eingabe an die Stadt. Das mit dem Venezia und dem Pokern sei eine Einmaligkeit gewesen. Es kommt jodoch keine Antwort. Und auch kein Geld. Nichts. Ich habe wieder mal den kürzeren gezogen. Habe mich ducken müssen. Aber ich habe ein gutes Gedächtnis. Ich merke mir alles genau. Vielleicht kann ich es eines Tages vergelten. Ganz gierig bin ich auf Rache. Die Gier frißt sich wie ein hungriges Tier in meine Seele und läßt mich tagelang nicht schlafen. Tief sitzt der gemeine und hinterlistige Hieb.

Juli 1956. Jahreszeugnis. Schon wieder nichts Besonderes. Mutter sagt, ich solle endlich Bäcker werden. Tante sagt, ich solle es doch mit dem Beruf eines Textilkaufmannes versuchen. Sie besitzt ein kleines Bekleidungsgeschäft in der Albrechtsgasse, gegenüber dem Finanzamt. Da hocke ich nun in den Ferien auf dem Balkon oder in meinem Zimmer herum, blättere Kataloge mit Stoffarten durch. Ich lese viel über Gewebe, Gewirke, Fasern, Filze, Dispergiermittel, Appreturen und Oberflächengestaltung, über Spinnen, Haspeln, Zwirnen, Stricken, über Wolle, Chemiefasern, Seide, Bast, Jute, Hanf und Flachs.

Dies alles stößt jedoch auf mein totales Desinteresse. Ich kann mich einfach nicht entscheiden. Denn ich will endlich über mich selbst bestimmen. Endlich mein eigener Herr sein. Autark werden. Vielleicht auch erwachsen werden.

Auf den Donaudamm fahre ich dem Rad nach Bogen. Stelle das Gefährt bei der Eisdiele ab. Gehe den Kreuzweg hinauf. Schlendere durch den Friedhof. Betrete die Wallfahrtskirche. Der helle Altarraum mit den vielen geweihten Kerzen beeindruckt mich immer wieder. Ich gehe direkt zur Steinmadonna. Romanische Volkskunst. Über siebenhundert Jahre alt. Was muß diese Figur schon alles erlebt haben. Schon alles gesehen haben. Wie viele Tausende von Bitten und Sorgen muß sie schon gehört und erhört haben. Da ist ja mein Problem nichts dagegen. Trotzdem sage ich ihr alles, was mich bedrückt . Sie wird mir schon helfen. Fest glaube ich daran. Ganz fest.

Etwas ruhiger und erleichtert trete ich auf den Pedalen nach Hause. Sage, daß ich weiterhin in die Schule gehen möchte. Gehen will. Gehen werde. Den Bäcker oder Textilkaufmann können sich Mutter und Tante an den Hut oder hinter den Spiegel stecken. Die Würfel sind gefallen. Endlich. Eindeutig. Endgültig.

Zum Setzen einer Zäsur kommt mir das schon lange geplante Lager mit der Jugendgruppe Neudeutschland gerade gelegen. Mitten im heißen August baut unser Fähnlein irgendwo zwischen Kaitersberg und Vogelsang seine Zelte auf, um mindestens zwei Wochen in und mit der Natur zu leben. Abends am Lagerfeuer oder während der zugeteilten Nachtwache habe ich viel Zeit zum Nachdenken und Planen. Es muß anders werden mit mir. Und es wird anders werden mit mir. Ich sitze nachts oft da mit meiner Gitarre am verlöschenden Feuer und singe den Text von Matthias Claudius zu „Der Mond ist aufgegangen", wobei mir die dritte Strophe am meisten zu Denken aufgibt:

„Seht ihr den Mond dort stehen, er ist nur halb zu sehen, und ist doch rund und schön. So sind wohl manche Sachen, die wir getrost belachen, weil uns're Augen sie nicht seh'n." Was sehe ich nicht? Was habe ich bisher nicht gesehen oder nicht sehen wollen? Sehe ich nur Detaills und überhaupt nicht das Ganze? Vielleicht stellt sich die Schule später doch als äußerst wichtig dar? Oder bekommt meine Mutter nachträglich sogar noch recht, wenn sie mich immer wieder zum Lernen drängt, ja oft sogar zwingt?

September 1956. Schulbeginn. Ein neues Schuljahr. Ich reiße mich zusammen. Doch am 23. Oktober, am Geburtstag meiner Mutter, erfahre ich über den Rundfunk, daß in Ungarn ein riesiger Völkeraufstand beginnt, daß es überall in diesem Land brodelt und kocht. Auf dem Budapester Bem-Platz versammeln sich über hunderttausend Menschen. Freiheitsgedichte werden verlesen. Das sieben Meter hohe Stalindenkmal wird vom Sockel gestürzt. In der Nacht greifen russische Panzer ein. Es gibt Tausende von Verletzten. Als wenige Tage später, gleich anfangs November, sowjetische Panzer, unterstützt von bombenabwerfenden Flugzeugen, Budapest von allen Seiten gleichzeitig angreifen und Radio Budapest um Hilfe funkt, bricht in mir unvermittelt die verschüttete Angst vor einem Krieg wieder auf. Kann es denn wirklich keinen Frieden geben? Hat denn wirklich niemand aus den bitteren Erfahrungen des letzten Krieges gelernt?

Ungarn fällt. Wieder einmal hat brutale Gewalt die gewünschte Freiheit besiegt und unterdrückt. Ich erinnere mich noch an jenen Abend, jenen Rundfunkbericht. Ich sitze auf dem Balkon. Blicke in den Sonnenuntergang. Wie in ein gleißendes Lagerfeuer. Ich schaue durch das helle Licht in die Ferne. Weit hinaus. Bis in das Waldarbeiterlager in Sibirien. Denke an Vater. Ich greife nach meiner Gitarre und summe die Weise nach einem alten schottischen Volkslied, in welchem es am Schluß heißt: „Nehmt Abschied, Brüder, schließt den Kreis, das Leben ist ein Spiel, und wer es recht zu spielen weiß, gelangt ans große Ziel."

Wo ist das große Ziel? Mein großes Ziel? Ist das Leben wirklich nur ein Spiel? Auch für mich? Kenne ich die Spielregeln? Und wenn: werde ich sie auch wirklich beherrschen? Werde ich die Spielregeln einhalten können? Einhalten müssen? Die Zeit läuft. Sie flieht. Sie stürzt. Und am Ende vergeht sie. Und wir mit ihr.